COPYRIGHT NOTICE 2025.

ALL RIGHTS RESERVED. NO PART OF THIS BOOK MAY BE REPRODUCED, DISTRIBUTED, OR TRANSMITTED IN ANY FORM OR BY ANY MEANS, INCLUDING PHOTOCOPYING, RECORDING, OR OTHER ELECTRONIC OR MECHANICAL METHODS, WITHOUT THE PRIOR WRITTEN PERMISSION OF THE PUBLISHER, EXCEPT IN THE CASE OF BRIEF QUOTATIONS EMBODIED IN CRITICAL REVIEWS AND CERTAIN OTHER NONCOMMERCIAL USES PERMITTED BY COPYRIGHT LAW.

THIS BOOK IS INTENDED SOLELY FOR PERSONAL AND NON-COMMERCIAL USE. THE INFORMATION, IDEAS, CONCEPTS, CHARACTERS, PLOTS, ILLUSTRATIONS, AND ANY OTHER ELEMENTS CONTAINED WITHIN THIS BOOK ARE PROTECTED BY COPYRIGHT LAWS AND INTERNATIONAL TREATIES. ANY UNAUTHORIZED USE, REPRODUCTION, OR DISTRIBUTION OF THESE MATERIALS IS STRICTLY PROHIBITED AND MAY RESULT IN CIVIL AND CRIMINAL PENALTIES UNDER APPLICABLE LAWS.

READERS ARE HEREBY INFORMED THAT ANY INFRINGEMENT OF THE COPYRIGHT TERMS STATED HEREIN WILL BE VIGOROUSLY PURSUED AND MAY LEAD TO LEGAL ACTION. BY PURCHASING, ACCESSING, OR USING THIS BOOK, YOU ACKNOWLEDGE AND AGREE TO ABIDE BY THESE COPYRIGHT TERMS. UNAUTHORIZED COPYING, DISTRIBUTION, OR USE OF THIS BOOK, OR ANY PORTION THEREOF, MAY CONSTITUTE A VIOLATION OF THE LAW, INCLUDING BUT NOT LIMITED TO THE UNITED STATES COPYRIGHT ACT AND INTERNATIONAL COPYRIGHT TREATIES.

THANK YOU FOR RESPECTING THE INTELLECTUAL PROPERTY RIGHTS OF THE AUTHOR AND PUBLISHER.

LP LIVI OLSON, 2025.

Welcome

Glad you are here, ready to have fun? This word search book is more than a puzzle, is a real magical world, where you will feel like a princess, every puzzle is accompanied by a cute quote to inspire you every day.
You will find 50 amazing puzzles with interesting words.
Hope you will enjoy this book and will have a lot of fun.
Your opinion is very important to us, we look forward to your feedback to be better every day.

Our Instagram: lpliviolsonbooks

LP Livi Olson

This book belongs to the princess:

Words directions

1 »»»»»

2

```
B F M R E N F Q H R W W E Z M
O E U G P J V E V X X F N D F
F A G P I A J O A P P L E E M
S T R A W B E R R Y P Y J V M
X I A N W F D A D X O J G B Z
G J P B A N A N A S D E A M Y
C H E R R Y X G J Q V P H A N
Y E S K O Q R E K E Y P F N F
L F P R V B H V P F Q G X G H
E X E M X R P S E R E I T O G
M V A A L W Y U A P S Z Z U V
O E R E X E H L C C Y U F H Y
N L W Y L V P Z H E C U G Y E
Z G P Y T N Y S Q X Y H L Y A
P D L Q C W D J L E X I V L S
```

Every girl is a princess in her own magical kingdom

apple   orange   banana
strawberry   grapes   mango
pear   peach   cherry
lemon

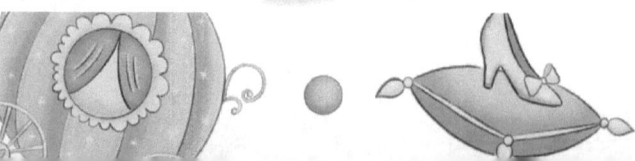

Puzzle 1

E	J	B	M	U	A	E	J	N	A	Q	I	Q	Y	L
P	E	L	Y	E	U	D	W	W	R	U	C	W	V	J
R	K	X	F	K	X	R	C	Q	S	R	F	A	M	A
J	A	Q	E	S	P	A	P	A	Y	A	A	T	B	Q
Y	P	L	U	M	X	M	K	E	C	S	X	E	G	G
E	O	D	P	U	Y	P	Q	D	Q	P	Y	R	O	R
F	M	D	J	Y	C	I	A	B	B	B	O	M	K	P
A	E	H	K	U	X	N	H	Y	L	E	Z	E	I	D
B	L	A	C	K	B	E	R	R	Y	R	Z	L	W	F
P	O	W	J	B	A	A	N	J	V	R	T	O	I	G
T	O	R	M	I	G	P	B	T	W	Y	W	N	O	S
F	V	U	P	U	Z	P	A	V	Z	S	R	I	C	Q
E	X	R	M	A	U	L	N	G	Z	N	U	T	O	C
N	Z	M	B	L	U	E	B	E	R	R	Y	H	E	I
Y	R	W	M	G	R	A	P	E	F	R	U	I	T	O

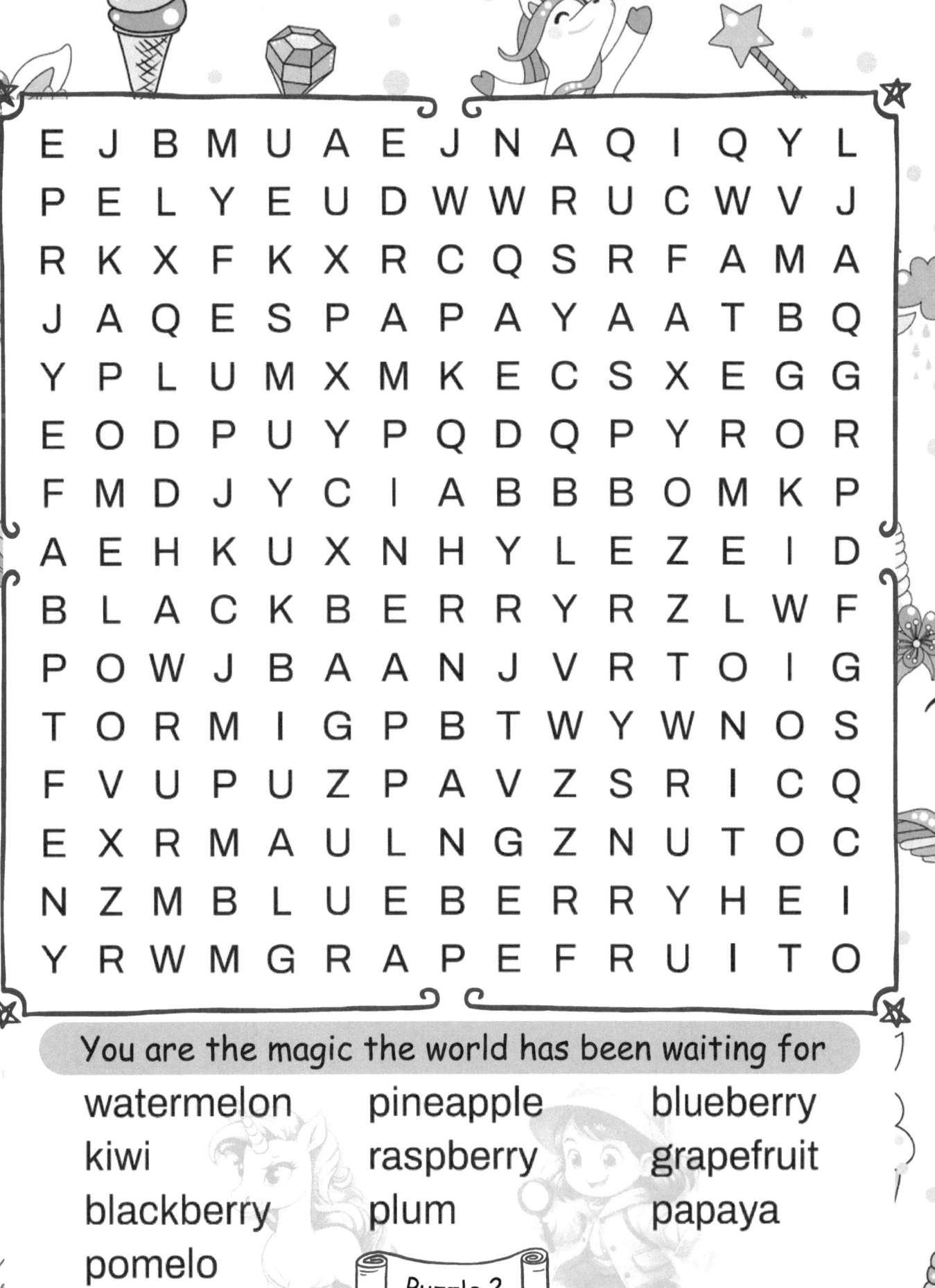

You are the magic the world has been waiting for

watermelon
pineapple
blueberry
kiwi
raspberry
grapefruit
blackberry
plum
papaya
pomelo

Puzzle 2

```
S L W O L F B J C Y N D U
T P O Q N W H T E Q K E R
I Z E T I L N A L X T I U
P V M P V I Q R E R I J M
J K O A L A Q P P J G D K
L I O N Q O H P H B E I Y
D F N D K U P P A D R P D
G I R A F F E X N Z N R D
V V R Z B A N F T A N W F
A R G M Y L G R U J J Y B
P Y R E B H U Q C V V X W
P B E A R K I R H F O R U
X T I J M O N K E Y J N F
```

Believe in your power and your dreams will always come true

lion   tiger   elephant
panda   giraffe   koala
monkey   penguin   wolf
bear

Puzzle 3

A little bit of glitter can make any day magical

magical horn fables
fantasy mythical rainbow
sparkles mystical unicorn
fairy tale

Puzzle 5

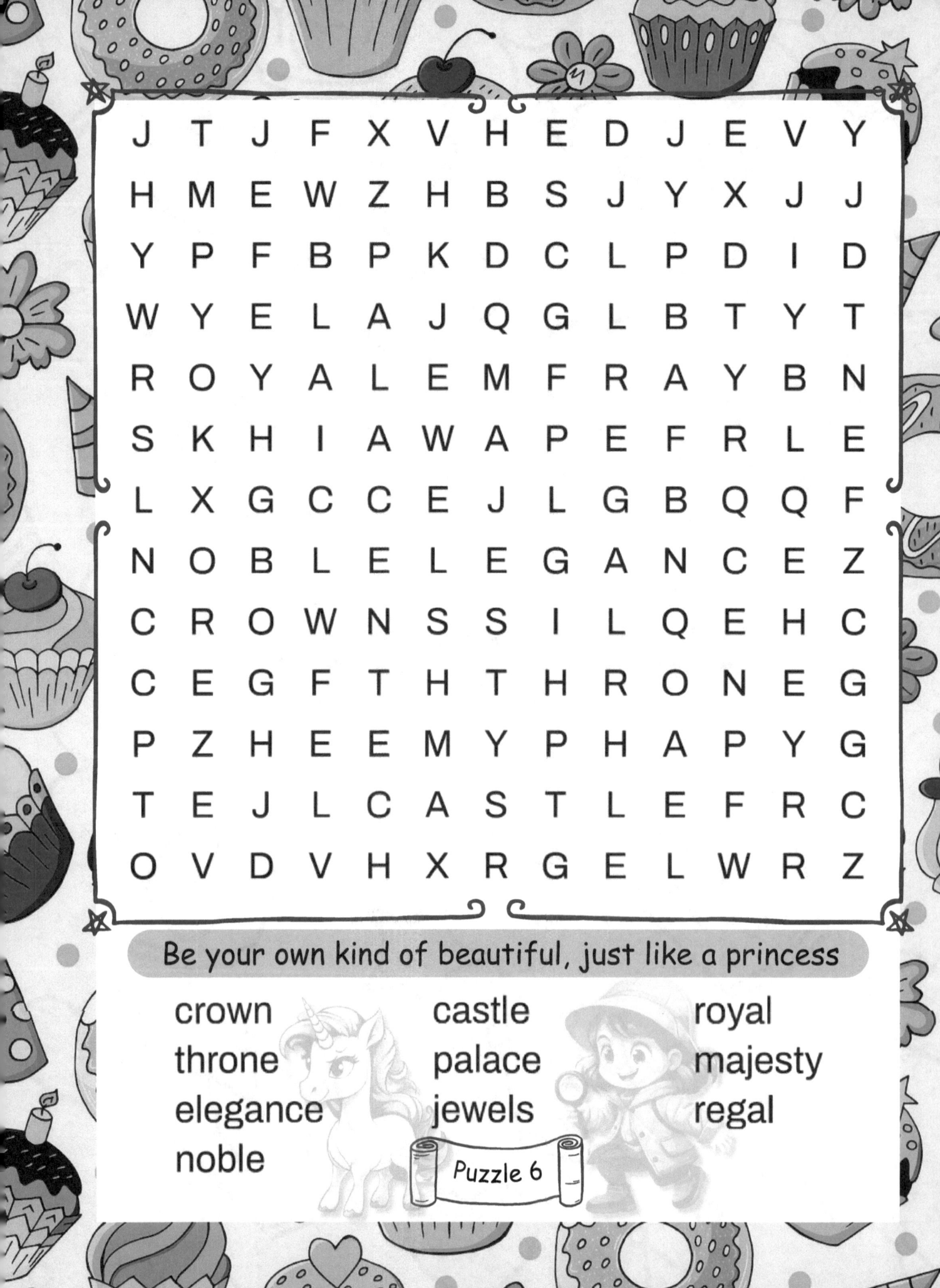

Be your own kind of beautiful, just like a princess

crown castle royal
throne palace majesty
elegance jewels regal
noble

Puzzle 6

N	B	J	O	P	R	I	C	X	V	Y	O	D	H
Q	S	V	D	A	P	M	D	O	N	U	T	T	T
U	V	G	F	L	P	U	D	D	I	N	G	F	X
X	T	I	C	E	C	R	E	A	M	R	F	Q	H
R	M	H	H	T	O	R	T	I	G	F	J	W	C
P	I	E	O	V	O	E	H	E	O	I	O	Y	U
L	Y	C	C	Q	K	M	X	B	R	E	Q	A	P
Q	P	O	O	B	I	X	K	R	N	Y	N	O	C
F	Z	T	L	X	E	B	L	O	T	X	N	Y	A
E	D	U	A	G	Y	M	N	W	P	Q	M	E	K
T	U	R	T	B	N	S	U	N	D	A	E	R	E
T	T	C	E	M	I	C	G	I	J	E	X	Z	Y
R	W	Z	E	M	C	A	K	E	Y	K	U	B	P
I	O	H	K	X	I	N	A	L	V	G	Y	R	J

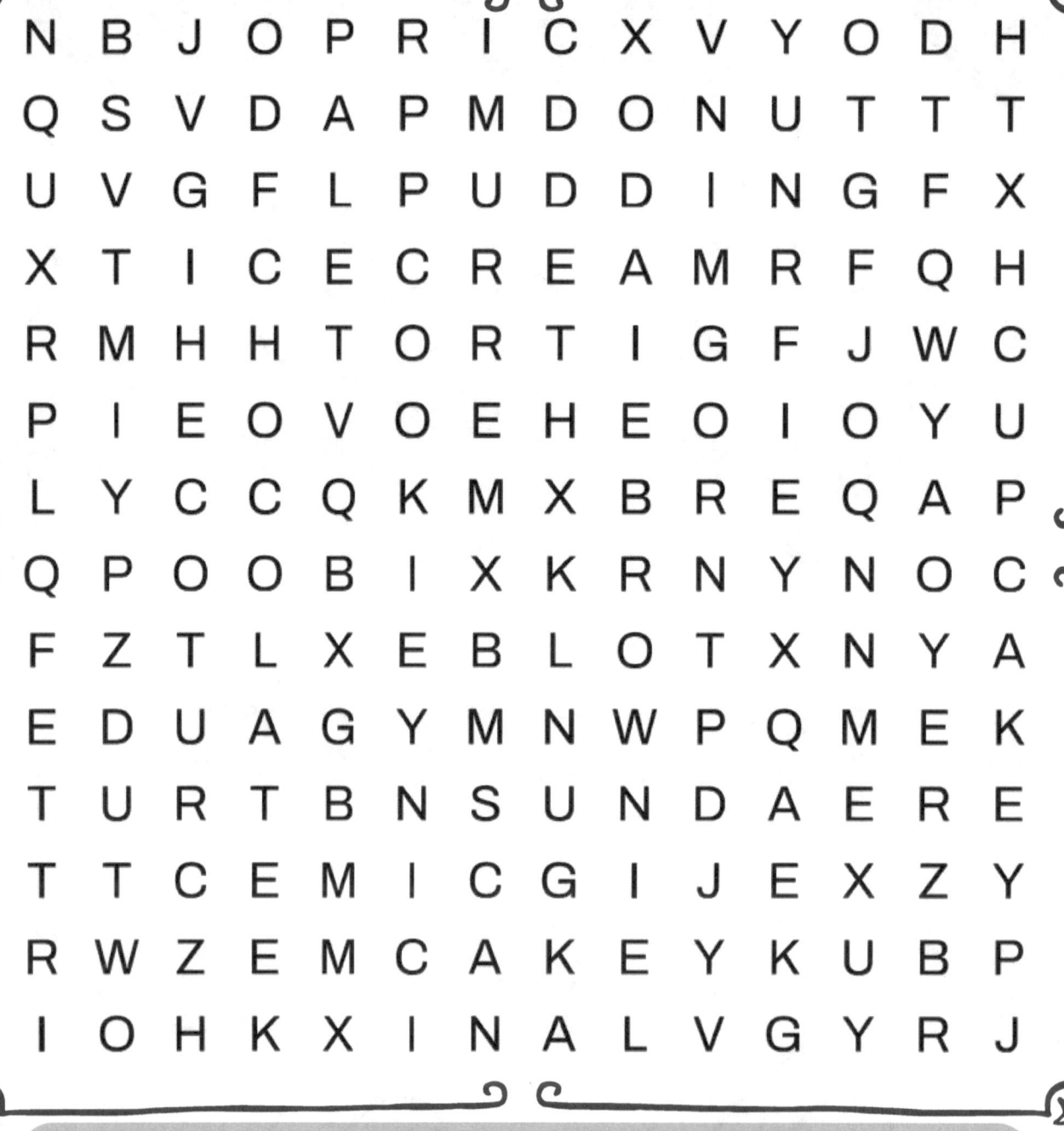

Life is sweet, just like a candy shop full of dreams

cake
cupcake
brownie
sundae
ice cream
cookie
pudding
chocolate
pie
donut

Puzzle 7

Adventure awaits in every enchanted forest

cheesecake muffin sorbet
tiramisu caramel marshmallow
gelato eclair parfait
truffle

Puzzle 8

Ice cream flavors

```
P F A N E U H U U H M G P U K P T H
J J E C A R A M E L S W I R L K G I
X N N H I M X D E V T W S D C M N P
T D N E A P O L I T A N T W D E Z K
Z O C R M Y F Z O O G K A F N P J J
W R O R E W S O P J G P C Q O E Z W
C A T Y B V L H M H O F H V H P D R
Q N T G U F Y A A E J I O D S P B Y
V G O A Q J V U P U J J O X G E Y W
A E N R I T I X L Q Q P U K N R J A
N S C C O O K I E D O U G H J M W O
I H A I K R T Y W K H R F Z R I T M
L E N A K C A A A H L K N T E N B C
L R D X F F N Y L Q A G I R N T M Y
A B Y K P X B J N G R G W E N F Q C J
F E K F T Z W I U J Z E R S T S C H
X T F X O H S R T L U B V C D P N C
L K G X V F B M Q S T X T Q U B G O
```

You are as bright and colorful as a rainbow

vanilla   pistacho   cookie dough
neapolitan   orange sherbet   peppermint
maple walnut   cotton candy   caramel swirl
cherry garcia

Puzzle 9

Colors

```
O R A N G E C A V I X
M P U R P L E P S E S
O S R E D G X A M L H
K B Y G X D K C Y A Z
G R R H B L U E E Z P
R O L S P I N K L Y D
E W H I T E R E L X M
E N E T M G S Y O B Y
N G M B L A C K W O T
F R B R D X V H T T Q
K D W X Q V Q Y T C Q
```

Every girl is a princess in her own magical kingdom

- red
- yellow
- brown
- pink
- blue
- white
- orange
- green
- black
- purple

Puzzle 11

```
V E G E T A B L E S S N Z Q I
U L F A R M E R J Q X J P E M
P A I U A I T S V S M R I G T
H V E X C C G H I C Q Y I P D
M I L K T O Z E R T Q F Y N M
S Y D H O R S E J K E Q C F G
L E S G R N C P X S T L S L N
D Y N Q C O W I K H D O Z V S
C Q X P F E Q N U Q D I T W J
L U X L T M J K I D P M C K Q
X S P J V I K P G T S E P T K
K Q F U L P Z W H Y E S K R P
F T S T F I H L E C P N N P T
G P J F X G J C I K M W J X G
E J H E B E R A P E I O X F J
```

Follow your heart, and it will lead you to fairy tales

farmer tractor cow
horse   sheep   milk
pig   corn   vegetables
fields

Puzzle 12

Birthday party

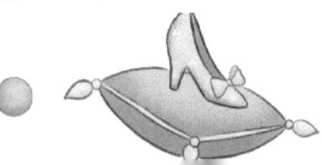

```
Z W X Z T I J B I P O P D N G T
Z O T V O P N Z G R D M E O Q M
R W K W Z A H Z W E C V C C P Y
G P M Y M R Q T C S S D O H B U
A Y K W S T E F A E B T R Y J N
M M J A P Y M A N N L D A X T J
E E J A K H S H D T L Z T T R A
S J W I Q A O F L S U C I A P O
O E G I F T S J E D E W O N Z K
Z A Q M A G I C S H O W N K F L
N D K D K L P Q Q Q H G S T B F
Q Y R O E Y O J Q O H U X H H C
L N B S O P N F M U S I C K A J
Z I Y Z H R B A L L O O N S Y V
R X M U G H A P P I N E S S U E
X K I R Q K C C J E C Z Y U V K
```

Be brave, little one, and explore the world like a true adventurer

balloons   presents   candles
decorations   games   party hat
music   magic show   gifts
happiness

Puzzle 13

```
T P T Q B I G Q I N H K X C I I G
E I G R P M T B I Q L D T W L T J
L V I M W Q R I M X C U Z O L A I
Y F S S F S E R A I Y B M V V K B
C T A M E W Y T F G M I H H M G U
R W G U Z Q V H H Q R Z N H Z Q I
H G O F M N N D M U L M G F F A N
B B Q S N W B A A B N G N A W I V
A R Z G A P Z Y H G V I V M Z X I
N U G W A D H S I U R Y A I R Z T
N O P N L Z A O I E F O Z L C F A
E Q C F R I E N D S T W Q Y C X T
R B H K V N P G S T G H F U V D I
P M E M O R I E S L Q U V J T A O
B C E L E B R A T I O N H T R I N
D Q R A S F X V T S U Y Z H L J S
Y S S Z D G U E S T S Z P X F Q X
```

Candy and laughter make the sweetest memories

celebration   cheers   guests
banner   family   friends
memories   invitations   guest list
birthday song

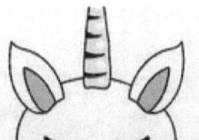

Puzzle 14

Clothes

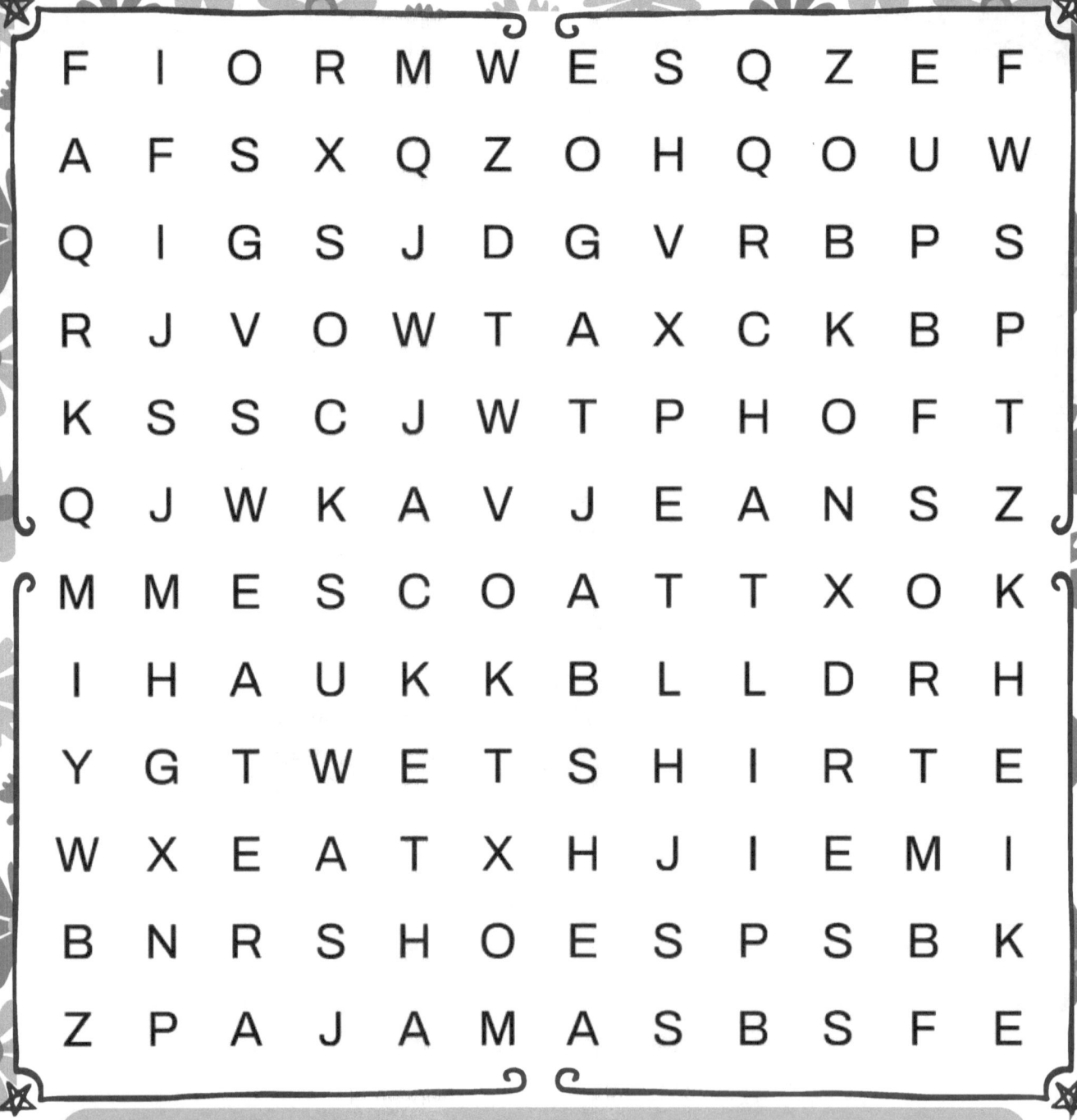

F	I	O	R	M	W	E	S	Q	Z	E	F
A	F	S	X	Q	Z	O	H	Q	O	U	W
Q	I	G	S	J	D	G	V	R	B	P	S
R	J	V	O	W	T	A	X	C	K	B	P
K	S	S	C	J	W	T	P	H	O	F	T
Q	J	W	K	A	V	J	E	A	N	S	Z
M	M	E	S	C	O	A	T	T	X	O	K
I	H	A	U	K	K	B	L	L	D	R	H
Y	G	T	W	E	T	S	H	I	R	T	E
W	X	E	A	T	X	H	J	I	E	M	I
B	N	R	S	H	O	E	S	P	S	B	K
Z	P	A	J	A	M	A	S	B	S	F	E

Even on rainy days, you can find a rainbow in your heart

dress   t shirt   shoes
hat   socks   jacket
sweater   coat   jeans
pajamas

Puzzle 15

Every girl has a little bit of princess in her

hairband sandals blouse
raincoat cardigan scarf
romper bloomers sunhat
mittens

Puzzle 16

Hobbies

```
S O Y J V P C J X F A L G E F M M K
Y J R N B H P H P B R V E A I C B A
J K X B G J P Y H M C X B W J R Q H
F D Q U R P D D O O N I D L C Z N B
U P K F C F V X T V D K U O S X I I
P A H X O Y Q P O Q X B F Q I M Z C
T P L A Y I N G G U I T A R N D U O
Y M F F R G R N R G W O T C G T X O
G W H M V R Q S A J X M R O I V C K
W H S U J X D F P W J Z A L N I Y I
Y K D C O T Q B H R B R V L G Y C N
D A N C I N G F Y N J E E E Q I L G
P G P F P C M R H Q M A L C G K I Q
E J X A O F J B D Y J D I T Z C N J
Y M R S N R M I L G O I N I W N G Z
L Q C W U P A I N T I N G N U E H A
Z O L N I V A H N W X G I G P Z Q C
H R E T D G M Z B R D G U H O R O U
```

Sparkle like glitter and shine like a star

painting   reading   cooking
cycling   photography   dancing
singing   traveling   collecting
playing guitar

Puzzle 17

You are a treasure chest of dreams waiting to be opened

- rock
- hip hop
- rap
- pop
- jazz
- country
- blues
- classical
- electronic
- soul music

Puzzle 18

Types of Dance

```
Q E K P E M C G J S N F U N B L H
Q T R D S W L R J A S G Q Y E S P
P O F M D G R W W M V N V R A L L
V B B W I Q S J T B Z V F H J I K
O A H L M C P H B A L L E T R C G
L L N T P G N X Q L X W W S M M A
T L S Z R W N D J G S K N I K D U
M R Q S Q Q K R K X T M T A P J Q
C O N T E M P O R A R Y U W X Y F
D O M C O P H B I J E S B F V H S
N M D N Z Q E C V S E H T B K N R
B A D L S J S R K U T Z U M B A T
M R U V J U F K M T D D U G T D G
D D G T H X W S Y S A L S A J B B
E T A N G O P P Z Q N X I O D M T
D T T Z I N W E W Z C O A X S L Z
D B R E A K D A N C E S Y S I M E
```

Life's a sweet treat when you're living your dreams

- salsa
- tango
- street dance
- ballet
- contemporary
- samba
- tap
- breakdance
- zumba
- ballroom

Puzzle 19

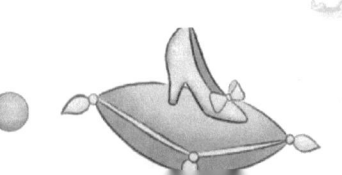

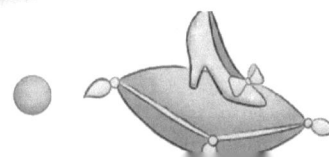

School

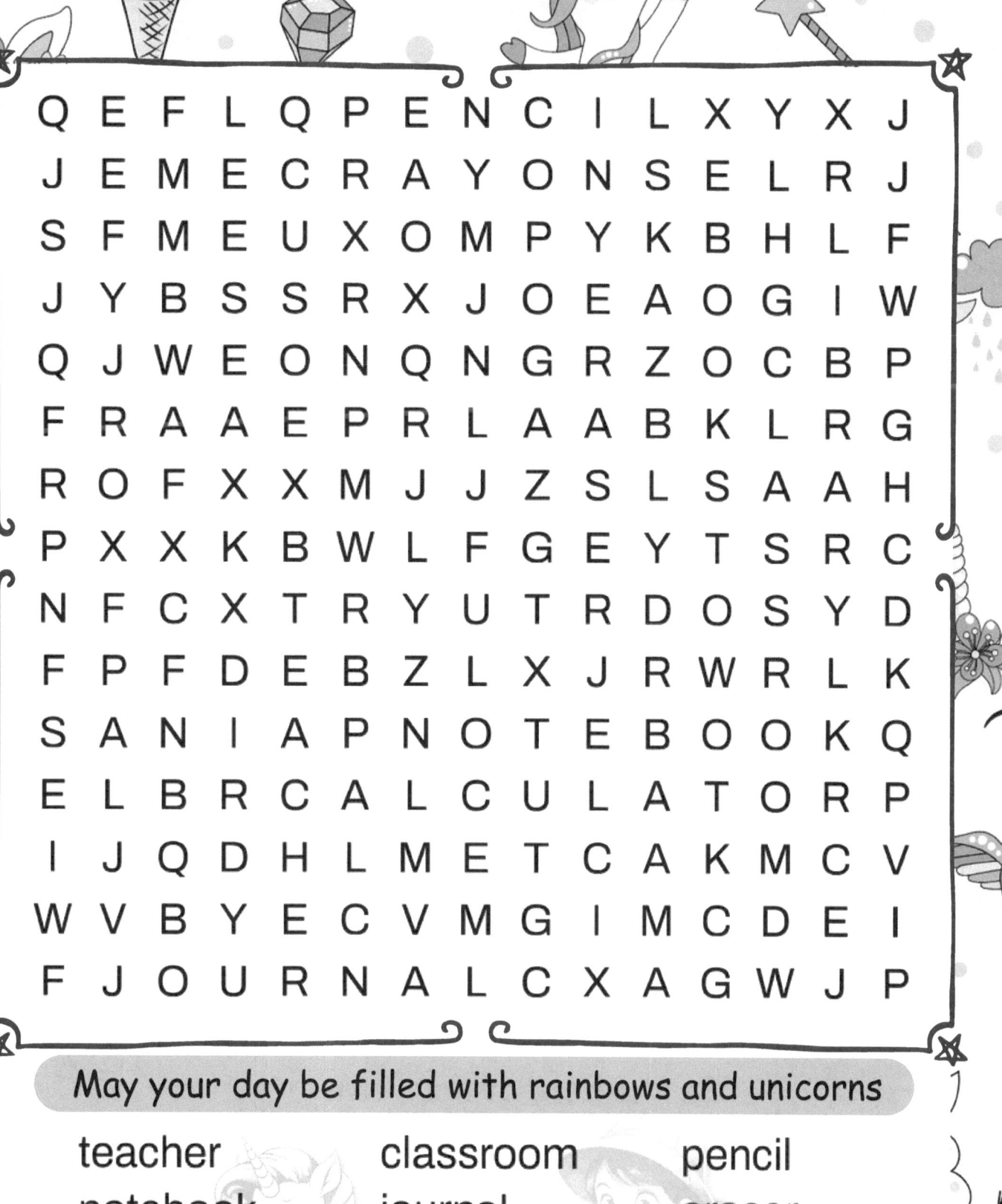

```
Q E F L Q P E N C I L X Y X J
J E M E C R A Y O N S E L R J
S F M E U X O M P Y K B H L F
J Y B S S R X J O E A O G I W
Q J W E O N Q N G R Z O C B P
F R A A E P R L A A B K L R G
R O F X X M J J Z S L S A A H
P X X K B W L F G E Y T S R C
N F C X T R Y U T R D O S Y D
F P F D E B Z L X J R W R L K
S A N I A P N O T E B O O K Q
E L B R C A L C U L A T O R P
I J Q D H L M E T C A K M C V
W V B Y E C V M G I M C D E I
F J O U R N A L C X A G W J P
```

May your day be filled with rainbows and unicorns

teacher classroom pencil
notebook journal eraser
crayons library calculator
books

Puzzle 20

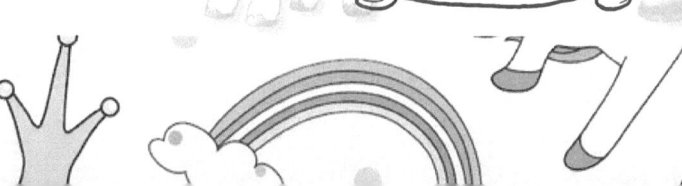

```
D H G A B C F O J P V N A I R A
A G I O G U E T G J V G S I B K
A E X A M S K Z S C I E N C E E
X E B L B G Z W P A M Q L Z L Q
L Q Z P R O J E C T S X E C L S
G O B H K R D O J V Y T R M T Q
O X M A T H E M A T I C S L U Q
X K N B H F F J J J W T C W M C
Z K W E T W J U D D R Z H T I A
A A R T H C M G T W I T O N S H
B Y D K E P A X D J T F O Z A J
Q K J B S Q Z S P Q I U L Z F B
B Y U Z M Z I A I V N Y Y O B J
E Z Y X X P G G E O G R A P H Y
G P H G G Q S B B F K L R P H Q
S D H L K U D X P O T A D M J N
```

Be the hero of your own story

art
schoolyard
writing
science

mathematics
bell
exams

geography
alphabet
projects

Puzzle 21

```
S E X O V E R T T Q G X T K X
E R H Y A G S E A T F N D E U
Z J S M V L G M C O B U I F R
P S C H O O L B U S K M C V V
P Z I G W B Y V Z Q S B T Y L
S S E J P E V Z F F J E I W E
C Q N F W J N H D L O R O G T
H E C T E X T B O O K S N J T
O R E P O R T C A R D J A F E
O S L U N C H U D S B X R Q R
L Z A A J F L J J K V N Y K S
B A B A T B R L M K M K B V J
A I R U P Y K Y D Q D X R Z F
G H U E T I D S N K Y J J D G
E Y J L J S O T Z Q B Q M D L
```

You are as unique and magical as a snowflake

lunch dictionary globe
textbooks numbers letters
report card science lab school bus
schoolbag

Puzzle 22

Flowers

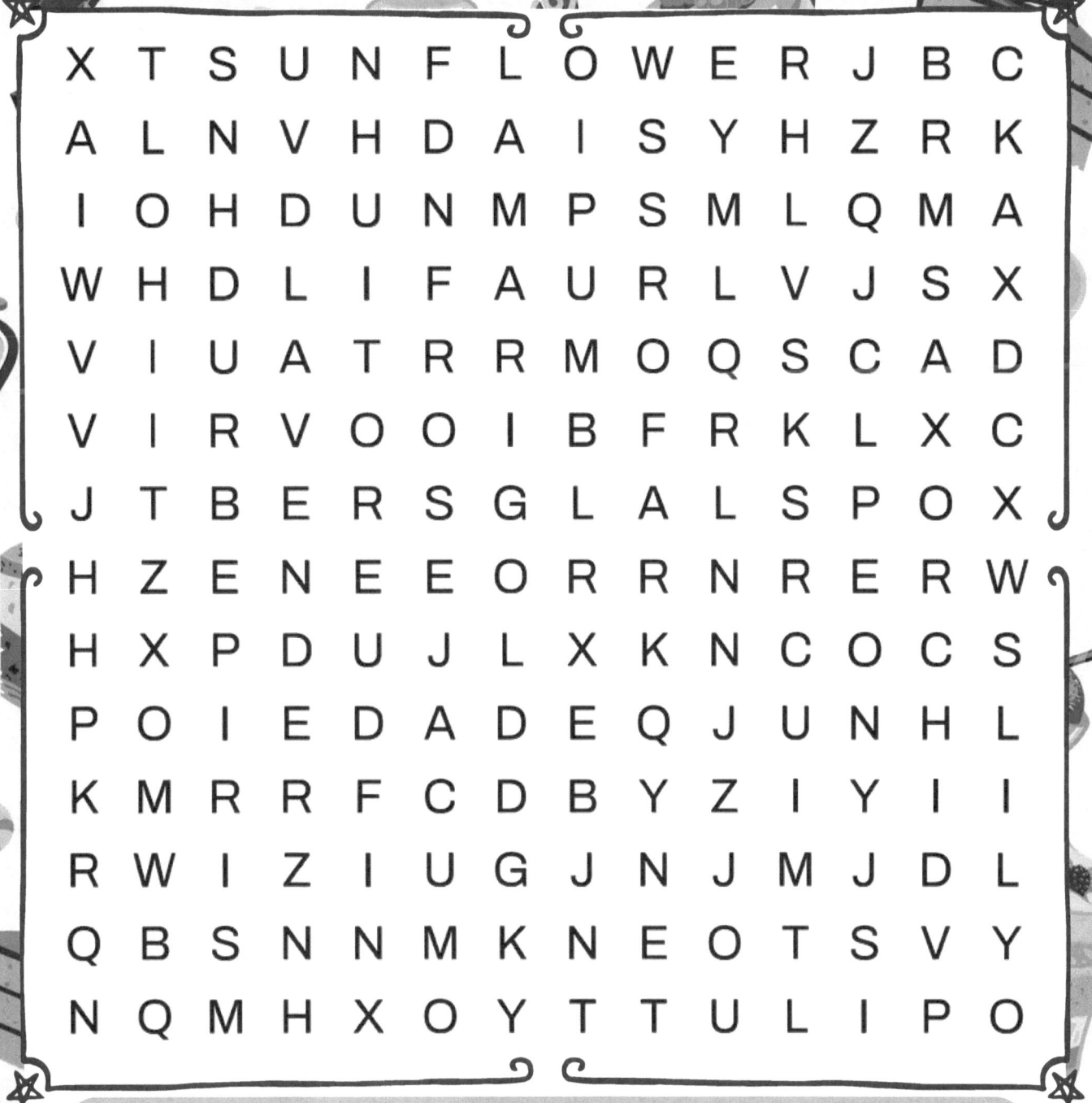

```
X T S U N F L O W E R J B C
A L N V H D A I S Y H Z R K
I O H D U N M P S M L Q M A
W H D L I F A U R L V J S X
V I U A T R R M O Q S C A D
V I R V O O I B F R K L X C
J T B E R S G L A L S P O X
H Z E N E E O R R N R E R W
H X P D U J L X K N C O C S
P O I E D A D E Q J U N H L
K M R R F C D B Y Z I Y I I
R W I Z I U G J N J M J D L
Q B S N N M K N E O T S V Y
N Q M H X O Y T T U L I P O
```

Dance through life with your own melody

lily   tulip   sunflower
orchid daisy   marigold
peony   iris   lavender
rose

Puzzle 23

Space

```
W C O M E T E O R T E J O U F
E G H Z X P S T H N H W Z U M
U N L G O O A M B P L M X P F
P M T A C C T M G H A C M R K
K M P L A N E T S S M L Q D G
T E F A V I L Z W A Z J M E Y
W E U X V W L Y F S T T G X S
Y N Q Y M N I Z C T L F A M T
R R F I F I T L N R R T N B A
L O S T E L E S C O P E M D R
N C M Y H Z F L X N L L D Q S
Q K S P A C E C R A F T H U U
A E N N H P L O B U Q E A Y Q
N T Y I Y G F Q V T Y C J N T
H R A D K H K A X I N M P L Y
```

A little magic can take you a long way

- stars
- rocket
- telescope
- galaxy
- planets
- comet
- satellite
- astronaut
- meteor
- spacecraft

Puzzle 24

Autumn

```
A H H C Q G P S S U G E C H
T J I V L K D U O A L I C F
I C Z R C Z A J C O Y F O W
N O V E M B E R T Z C I Z S
P B B C T J N B O A A T Y E
X X Y C A C S O B X H W Z P
Z H A L L O W E E N A P T T
E Z F C H R F X R J R S T E
M X J J C N L H W A V G L M
L I V P U M P K I N E B Z B
J K T L E A V E S X S U B E
L R A I N Z E V O B T V C R
F L V S U E K P T O D Y U D
H V V E A B C I R L T V X Q
```

Where there is kindness, there is magic

harvest   pumpkin   september
october   november   halloween
corn maze   rain   cozy
leaves

Puzzle 25

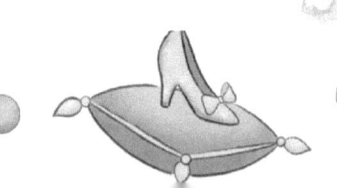

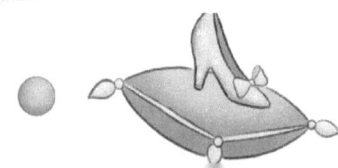

Halloween

```
B C M Z D X P E J X T M W V
W S O L M B P J H G Z D G U
Y C O S T U M E F X V K H F
P M N G M B A Z S E O V O G
X B L R G U Q H P G E I S S
P T I M P E W Z I O K Y T Z
K H G I S C L X D D J P S N
N T H O W A G W E V E N Z X
U V T I F N S I R G J P O Y
T X M C J D Y T S D S A M T
K Y B A T L P C Y W G V B X
H A U N T E D H K N J L I S
G U R D Y S Z L V D V A E Y
W W O Y A D R U N G V R B L
```

Your smile is like a sprinkle of stardust

ghost   spider   bat
witch   haunted   zombie
moonlight   candy   candles
costume

Puzzle 26

Winter

```
F B L Q S L E I G H M B I T
P J P U N K S R A D C J S P
D U B H O L I D A Y H D N U
R H N Z W S E S K G C A O Z
E M Y X B O O T S H N M W X
E Z M C O E O U N F J L M G
N C T H X I P Y O I C J A U
M D S A F V Z W W R V Y N L
S U O M P I Y D B E C H G K
Q M L J B O O E A P N E E R
N W N N S Q N W L L M P L O
M J Q S N O W F L A K E P O
M W H X D S R K J C K Y H L
R N O R T H P O L E J X X Y
```

Dream big and watch your dreams come true

holiday   snowflake   sleigh
boots   snowman   fireplace
north pole angel   snowball
snow

Puzzle 27

Christmas

```
K O Y B J I J R W M M K P T K Q J X
N R K M R H J X X T A R H S W N Y G
E R M J P G A Y F I S D N F L H W S
Y J I N G L E B E L L S K E R P K J
Q M W S F N C I A X E I S N I E K H
D K A W K D H K R H I M N Z M V T P
V G K W O V R P L O G V H O H G O M
S U V O B S I N E M H A I C S E U F
E L N Y S N S P W K R C Q T A Q K T
T E L F B O T H H D I A O Z N U E Y
F M B X O W M L J H D T B D T G G W
T D N G X G A W Y A E I C M A G L W
Y B Y Y X L S L F R H O L N C A L Z
M C X X V O T U R W O N Z W L S Z U
K G W K Z B R H O T C O C O A L S D
B M B D L E E G S T A I E D U K L S
T R A K B M E H T X Y V C O S P Z R
C H R I S T M A S Q E L B F Z R E G
```

Every day is a new adventure waiting to be explored

- christmas
- frost
- jingle bells
- snow globe
- sleigh ride
- vacation
- christmas tree
- hot cocoa
- elf
- santa claus

Puzzle 28

Spring

```
Z A W Z M R E N E W A L F O
M G O O Z G N P F R E S H I
Z L V X M U Z Z I N D T O F
W H B V B Z P R K E X Q X N
R E V H U M B B Z A Q M S B
L M X X W V L U W B G Z Y O
S S O W V W O T U S W H K S
M F E B N A S T L T V L T F
G N F U E R S E E Q E Z K M
E I T D A M O R B O H Y G M
G R A S S T M F J K K J M B
G R O W T H Q L D A W I Z S
O V T H E T R Y F W B C X E
W D G A R D E N I N G S K X
```

In the kingdom of kindness, you are the queen

- buds
- butterfly
- fresh
- blossom
- renewal
- grass
- growth
- easter
- gardening
- warmth

Puzzle 29

```
Z Z Q L B F K A M M O O F
W M O Q M S O N A T U R E
M T D L J S S F Y S T M N
K A A P R I L Z U R D A J
C A Y M C N K E S P O B B
K L L A D X X I G Q O L X
R B I R D S O N G U R U N
G X G C T P E H A H L E L
H Y H H D S Y C U P G S T
H G T V I W Z E I A X K U
P P C T F Y D K Z L V Y U
C A L Y K P E T A L S Z M
J Q X G S B E E S Q S V F
```

Adventure is out there, and you're the brave explorer

- birdsong
- blue sky
- daylight
- outdoor
- march
- april
- may
- nature
- bees
- petals

Puzzle 30

Summer

```
L P I S I I E Z O H F V U B D
F I R E W O R K S U L C V L F
L B M D I X V I V R W S Q E U
I D G F O R U V S D C D S M S
P Z I H Z C T W U K F E P O A
F E S U N S H I N E W L J N N
L S U N G L A S S E S V T A D
O U R G G G G W C J D T H D C
P B F D D E D I R W M P L E A
S U I C V B F M E Q F C T L S
C N N H N O D M E W Y K P U T
Y K G O L L I I N Y B D W O L
P W P W L O H N P T L W A G E
V K C M E E Q G W C U D I O Z
V B E A C H S C L M E S O A Q
```

Be a shining star in your own magical constellation

- beach
- flip flops
- fireworks
- sunshine
- sandcastle
- surfing
- sunglasses
- swimming
- sunscreen
- lemonade

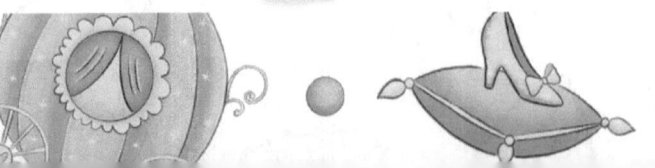

Puzzle 31

```
A V R P R R H S W K W F G Z Y
W B X O E T G X J F V U Q P W
K F B M L V Y C A M P I N G S
L Q E B A V K O Y Q F Z S N E
E W A A X F I C C F I E F M A
D L C M A C V O A N O N S Z S
M E H H T E X N S Y X W E V I
H I B O I U M U A C K A K W D
O C A R O A D T R I P T A U E
G T L K N L N K F Y E E K A N
M V L G V R U L H Z L R W B P
X H S U M M E R C A M P U D R
V K D U S J J A L D V A R O Y
E L P A L M T R E E S R V A W
R O V S W I M S U I T K Q W C
```

Believe in the power of your imagination

- coconut
- palm trees
- summer camp
- relaxation
- swimsuit
- seaside
- road trip
- beach ball
- waterpark
- camping

Puzzle 32

Camping

```
E R R T C V G I L I Z Z V A B T
D V A C A Q Q A D C I F S A A A
F B C A M P C H A I R B L P O K
F N G M P Z L J T D B O E Z H I
C T V P F W I L D L I F E H K H
L M I S I W T I B O S B P B W O
S P W I R A Q M O S Q U I T O J
M Y T T E N T D D L M X N C D X
O E R E G E H N J H H I G X Q N
N L A N T E R N M A P P B R B N
V X I I I U G H B B V S A L G K
S G L Q P L U C K A S B G U L U
N L Y K Y J T Z O W F D Z F X C
W F U C R A O D I K I S D O Q P
J E O M D R X F N K H H X S M L
A B X H O R R B C P S C P O I J
```

Life is a canvas; create your own masterpiece

- campfire
- trail
- mosquito
- tent
- sleeping bag
- wildlife
- camp chair
- lantern
- campsite
- map

Puzzle 33

```
J P X H C R M W V W W H P H B Q
C O M P A S S F B F Y H B G S H
P M B V D H W Y A C X M F I W M
U B M C G J B Y C M W R R A U P
S C A N O E Z Y K L J S O K U C
P A F X K G M X P O M H P L D G
G M O F I Y F Y A I L G C F X R
W P R O T U H K C S M Z A C R I
Z O E H V G L C K O O X M F C L
S V S L N F X U I S X Q P H N L
W E T D A D V E N T U R E B S I
K N E H Z U R I G F R Z R K Q N
W K E I V E E L Y A R H L J K G
P S Z B U C D A R Z L K Q J J D
Q W I K A Y A K I N G A D J X R
Q M K W P R C E B I U E R H V V
```

With a little bit of glitter and a lot of hope, you can achieve anything

- adventure
- grilling
- canoe
- forest
- camper
- lake
- backpacking
- camp oven
- compass
- kayaking

Puzzle 34

House

```
N R A M M F L D N M Y L P O V N M
Y O D J J U E P A O B E V V U Q R
B V I X D N U D X P S P E W J M J
V O S M J T J I N N P F Q N B B Y
Y V S Z A C F S O F A H H C F Z Y
Y E Q I S C H H S U Z Y Z U Z V J
G N C C Z H T W S D A C X J F D S
R V A E Q A R A B I Y P C V T Q R
S Y R D I I D S M N K N T V F D O
L V C I P R T H M I C R O W A V E
P K T O A S T E R N Q K T A B C T
B Q O G W X J R H G P R M R A Y A
E O O C C S Y W V T C V M D G U R
D R E F R I G E R A T O R R V S S
J D C C H K T G I B M P N O C R R
E V W O E X I J S L J P S B D I V
Z Z X G L A V U M E D Y F E J T Y
```

Kindness is like magic; it makes the world a better place

chairs
dining table
bed
refrigerator
microwave
toaster
dishwasher
oven
wardrobe
sofa

Puzzle 35

```
Y P V H T E L E V I S I O N E
P L A T E S P M E N X R G J N
L A S T T Y J I L Y A C L L Z
J N E N W J W R O P Q L A M P
M T S C F H B R N C H V S E V
M S G E Y X O O L I U L S A D
H B L E N D E R N V K W E M R
C Y B J E Y L B I O Z F S Q E
N P I C K V A O J U F L E M S
J S D U J Z U I D D V R S K S
M W M J F I M G E Q J T P V E
P M B K W B C O U C H X L A R
C R A V M O D K D C S B P V J
G T O T Z Z T K D H Q H D L L
G P U N M V P O L O U D M W T
```

You are made of sugar, spice, and everything nice

- television
- plants
- glasses
- dresser
- lamp
- couch
- plates
- mirror
- vases
- blender

Puzzle 36

```
G J A I G F V I J A Q E Z G A
A I D W J S C D O O T Q B X O
L I V I N G R O O M V P P D O
A H Z N P R O K R Q S H T S T
R L R D C O N Z N G V J H A R
M D O O R V B P Y L D T I G E
C I W W B L A N K E T O G G H
L L T B A T H R O O M W C P I
O Y W B B C F V U Y U E L T E
C D F R O J P H P I L L O W G
K C T N M C E S N G F S W A Y
V M A B W E B L U O Z D P N L
T O I L E T F O U A J B T T G
N P W A K A D N E Y M G D K U
O N U M U K G B O A Y H T E D
```

In the land of dreams, you are the special one

- toilet
- towels
- window
- mop
- bathroom
- pillow
- blanket
- livingroom
- door
- alarm clock

Puzzle 37

Puzzles

```
S N C H U E V K G Z F Q U E J M F C
O A D I K U Z X N U T I F Z I H P T
W O R D S E A R C H A R H Z G H V Z
Q B H D G R P C E L R E B U S Z D A
O E S E S H C C P I M G O B A P Q V
M F L N M P W R S U D O K U W Q D Z
P F B O L E M Y C D C G H J N T V K
C N E B E C A P I P C B D G C A K Q
L V K J O J P T V D J F T U N N C X
Q V J E U L X O Y B X F M L L G R S
M A T C H I N G P A I R S I Y R O H
A M J T Z I H R C M O D U Z R A S V
Z O X W R H E A G T E M S M D M S V
E J O M N E E M F U I B L C C O W E
S S G Y G Q L D F P R Q L H E W O Q
Z O Q E I G Z G P Q E U F G U R R G
I S P Q B F G G X X H Q A M U I D H
R T B M L X C B V B R J C X F Z Y U
```

Every day is a page in your own magical storybook

- crossword
- sudoku
- cryptogram
- mazes
- jigsaw
- matching pairs
- rebus
- word search
- hidden object
- tangram

Puzzle 38

Games

```
L V Z D O U H E T X P X O R W B L O
L X Y X C N U O U M E A U B I T V G
C U O F T X I R G F X E V I V H X T
O L A V A F L O O R N B H W D M L Z
L B Z G J H F D F W W D H N A F J U
C N X S U Y K J W H W B K K J W D E
B J H V M F N C A D S O S I H L I G
R T B U P R K U R X K Y H C O O A R
U B E C R H I U D K I V A K W P O D
G N W W O O K V S Z C C G B D N C O
K K Z T P P D D O T K X Z A F M N D
C H A U E S M F Z D T G I L D S D G
H X D V E C M W F G H E L L F D S E
V B X D C O H R F R E E Z E T A G B
H O T P O T A T O A C V J X X O T A
B M U S I C A L C H A I R S V I D L
M D T I E H F K W V N D S T F V S L
M O W X R C W J N Q I G Y O E I X M
```

Explore, dream, discover - the world is magical

dodgeball
kick the can
hopscotch
hot potato
lava floor
kickball
jump rope
freeze tag
musical chairs
tug of war

Puzzle 39

Positive words

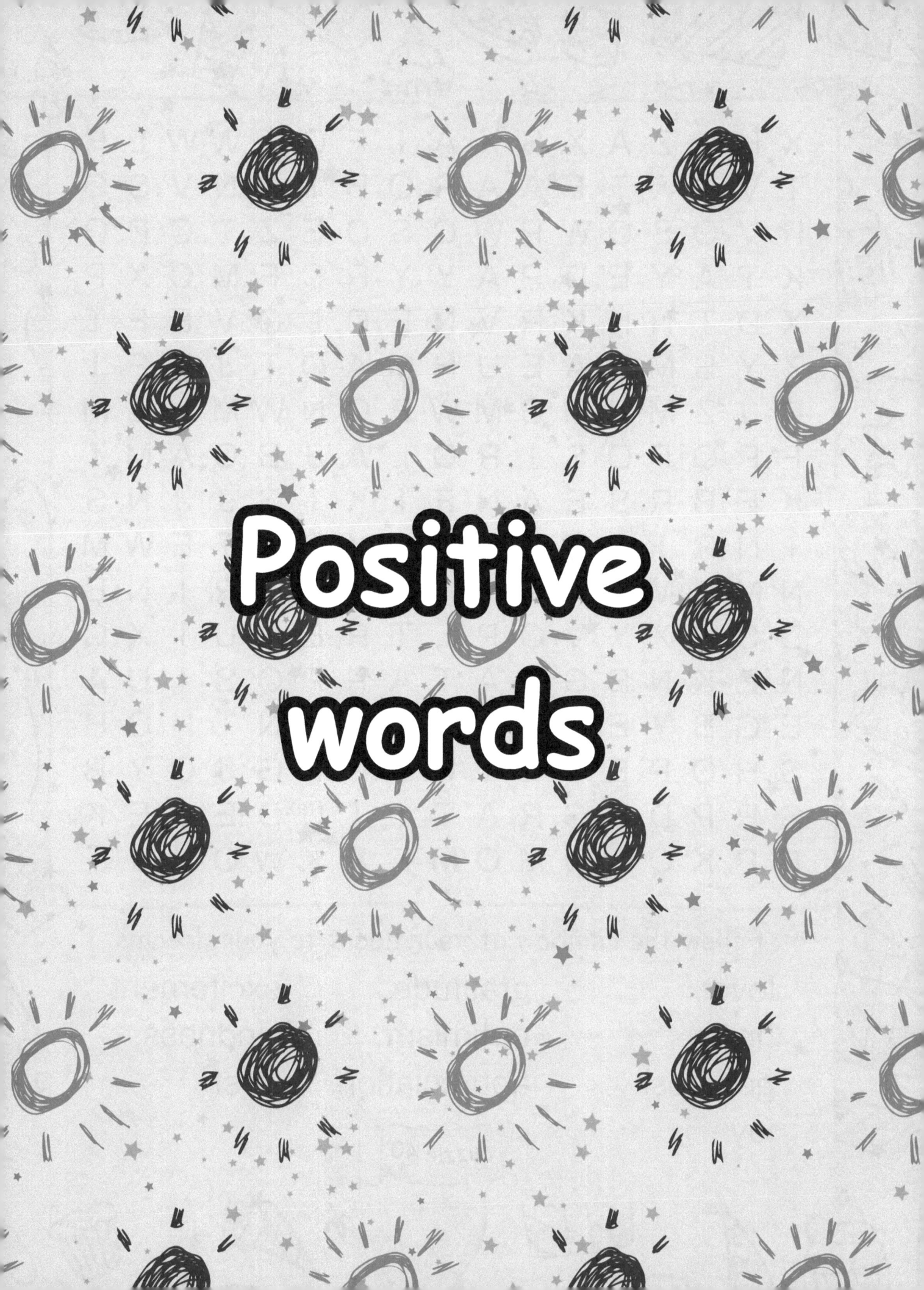

```
X H E Z A X S X A I F Q T W W L H
T V D W T F A A R Q B Y A M V S O
R V Q S G W P W C S D E Z T C P O
K T A Y E D P A Y Y R C F M C X P
X D T N N K R V N E C L O V E F T
Z Y B M E A E U H M A Q T J X F I
B J Z M R M C M W F Q N W M L V M
F R Q P O S I R O L A J B C A M I
K E B R S E A N F I K I G J J N S
I N R I I M T K G Q Y D L T E W M
N M E M T N I I N O A T V R I N B
D C P X Y V O P L T R E K U T X C
N E K N B G N A T A P P Q S I U A
E G B Y E X C I T E M E N T H G H
S H O P E U W Y U S D C G J O Y B
S R P D P G R A T I T U D E I E K
E P K Q W D M O M E F X W Q J V T
```

Follow the rainbow of your heart to your dreams

- love
- hope
- generosity
- joy
- gratitude
- optimism
- appreciation
- excitement
- kindness
- trust

Puzzle 40

Amusement park

```
R O G G H C I I R N O S R M N E J G
D J A R Y X V K V U E Z O G O I S W
F Y I O W D S S X Q W K I X N D U V
A P G L E I B N K O K U L T T C Q R
F M A L B T M O E L A C D H S D X V
Z U T E J K T R Z P G B A R C A D E
A X E R S U Z B T S E U U I N B W U
C I R C U S U Q H U L M I L L H B H
H G K O R M M U S S Q P G L X C L L
V I K A Z G W R Y V N E Z R J A Q J
M K C S R A Z Q R G J R N I C R D Q
U C P T F H V V A Z C C I D Z O U F
Y G R E F U N N E L C A K E O U A W
X P I R A T E S H I P R I O J S F L
V F Z E O C F E R R I S W H E E L J
G V E U U P V O F K A M T Z T L B H
E E S W O R J G C H I J F Q R H C X
Y N M V N B P M D S L Y K L G T O I
```

Don't just wear a crown; be a queen

- ferris wheel
- carousel
- bumper cars
- funnel cake
- arcade
- thrill ride
- prizes
- pirate ship
- circus
- rollercoaster

Puzzle 41

Circus

```
X G S A R D P Q W A D R C A A J Z C
D O W N A V M N R D T X W L O T S L
U L Y I Y G K F I R E E A T E R S O
G Q G M B A L A N C I N G A C T L W
N Q T A N N D O G A U U A M K G H N
M G U L K F B C M Q B R L J L M C C
B P E T T J O N A E I K O V J V H A
E S E R N K H D S F G M Q S S V B R
B U E A Z X I A T U T D I Y T M A V
V P M I X J G T E A O K F Z H L H V
O A U N V E H T R A P E Z E C N B P
E I U E S S W R W N H T Q F K B B E
A B I R G E I M C W K I Y G T K E N
X S F Z A C R O B A T S U I Y Y G W
X B T C N S E G T C L O W N P H S K
R W F J C Q V R C Z J O F U L O O X
K E V R X R K O S N P A G H D W X J
M G E G K Y R J H Y Y T O S W D N M
```

The world is full of magical things waiting for you to discover

- acrobats
- big top
- high wire
- clown
- ringmaster
- fire eater
- clown car
- trapeze
- balancing act
- animal trainer

Puzzle 42

```
Q V Z F L X N E X R N Z X O R Y Q
F K I D D U N Y U K Z R K S I J Z
M A G L T N L X F C X O M J N A W
V U K S R T A M E R I X Y B G Y X
T D A D A R E D E V I L F H L H C
W I K V M Y J U G I M S I S E I Z
T E L E P H A N T R I D E A A X W
G N H O O P Z G I H D G U Q D V P
O C J O L Y Z Q H E W U B L E M Q
Y E S B I G C A T S A I Z L R A O
F V T Z N G R U Z V Y R P M T U L
K S N J E A I R D H M U U N S U T
E G Y L O K N P Q M R Q R V D Y B
Q Z J V D F G L S Z V O Z W F U R
E Y F A K T R C X N R F Z C V Z Z
L K L G N R H R S I C S T U H Y W
Y H C C P F M P M R G O S Z X K J
```

Dreams are the stars that light your path

audience daredevil tamer
hoop big cats trampoline
elephant ride midway ring
ringleader

Puzzle 43

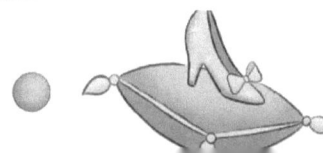

Musical instruments

```
W B C W M Y I Z V I C V V L
L J M L Q P J R Z Z H X G X
P G G K F T N C D R U M S A
E Z M H B T A U I A J M G M
M B G W L L F W V T A J K K
N H V E N Y P R H L P Z T G
Q R D V M T N D N V C V R I
S K H Y L A C U S L L I N S
Y S A G Z T F X C W A O Z T
G H R U M S D T E F R L C M
H W P I A N O T L N I I L C
F L U T E G Y X L G N N B W
R N S A X O P H O N E C V X
U E U R T R U M P E T O V I
```

Life is a grand adventure, and you're the fearless explorer

- violin
- trumpet
- clarinet
- piano
- guitar
- drums
- harp
- flute
- saxophone
- cello

Puzzle 44

```
X V Y Y F V X J B F C Y L Y D
P Q X A T A M B O U R I N E X
A H Z O J C R N E K H G I Z Y
J T A R T C Z S D U G R Q N L
I H R G Q O G X X L U H T Z O
P Q U A P R H Y O E E V R R P
F O Y N K D W V C L V G O O H
U B A G P I P E S E Q I M G O
Z B A N J O D S S X B M B A N
Z V D Z H N W M N Y V S O X E
D W T P W U F N W Y R O N X F
H D J H U L J I H T T B E J T
I F I Z J J C L A V N O M D T
V J Y Y J M A R A C A S E P N R
Y B N Z S W N I K I D V V Y V
```

A little bit of sunshine can make the rain disappear

banjo   xylophone   accordion
organ   bagpipes   oboe
tambourine   maracas   ukulele
trombone

Puzzle 45

Dog breeds

```
P R O T T W E I L E R B O X E R Z
O P U K J V B S P N P E U B D O V
P A O E A G L D E O O P E L A I X
I V M A F B U L L D O G O A C E T
D Z H X B Q F C B W D O X G H L W
S N O T E R G Z O Y L V G R S E I
S L B E A K L G R K E Q B E H Q Z
C G D M G Y A C D A U N Z A U F D
R Q H S L T B A E G L H S T N R S
F B S S E O R H R M U J U D D U H
H V O B C K A B C S P R I A K D I
U S C U L B D K O N V N J N W D H
B E L F F O O N L C O G Z E L H T
A B R M G D R M L L S J C G G X Z
V G E O A J W O I L I J D D A Y U
N Y V P M P K U E Y C A M Q H C Y
V R P K Y R I C F N M P X J H K N
```

You are the author of your own fairy tale

- bulldog
- rottweiler
- shih tzu
- labrador
- beagle
- boxer
- great dane
- poodle
- dachshund
- border collie

Puzzle 46

```
S R M D W E I M A R A N E R T J S Z
M S A F P E P H U M Y Z N A Y D K K
C X Z A K I T A C H R Z D U M O E F
G T O G N P S G W Y T P D C A B H G
Y P A I F U S W Y C J M L D X E D F
K R S O O N X T Y O Z A E I J R K H
Q C A H C Z D R T C D M U W A M X I
C P C A I Z Y M K K G X X P Y A K U
O U S V E Q Z Z G E Z L T S D N Q H
L T T A M A L T B R B Q M S D V K Y
L A U N R C C N T S W Z A H S W E O
I W K E B P N B Q P I L L U T W U B
E Z H S Z N B K F A D V T S M M J G
J L N E B J P B P N S Y E K U K Q V
Y O M O Y B E A E I N O S Y T M C I
T A J A M V A H Z E S J E P D E C P
C H I H U A H U A L P H H B T S M Z
H F X Y B I C H O N V O Z R J K A U
```

Kindness is like a magic wand; it can change the world

bichon   cocker spaniel   maltese
akita   havanese   weimaraner
doberman   husky   collie
chihuahua

Puzzle 47

Cat breeds

```
W O R M S U O H E L J E W T V
A B S C O R N I S H R E X L C
N I U K Z U S M A N X T V N N
C R P E R S I A N Z Q N Y E U
B M S N N T A L K O X U R W H
A A P E C T M A I N E C O O N
Z N H B P W E Y Z R K X S C Q
C Y Y I G Z S A C A F I W B Q
B E N G A L E N A G F A V C X
Y Q X G H E G E J D P O B X Y
S Y Y J E C Q H G O E Y E H R
F K M J N G O I E L X Q U P X
R T L U K B G X H L Y L X E F
H V M A W E K L B K X V S A P
Y B U I L N D P P S D D Z G N
```

Dance through life like nobody's watching

- bengal
- birman
- manx
- persian
- ragdoll
- himalayan
- maine coon
- sphynx
- cornish rex
- siamese

Puzzle 48

Parrot species

```
H R U B M O A R V R X U O M S P
D C O C K A T I E L T B M E Z H
S E C L E C T U S Z S U Y S E L
K M K P M C O N U R E D Y X C O
D O C O A F R I C A N G R E Y V
C H G K C L O R I K E E T B U E
L D F Y A I Z W J U G R O B P B
O C E K W G I A N T A I R Z I I
N N O U M G P W Q L L G Y S O R
B T A V I Y I A O F X A H M N D
U I X L B C Q J O E K R G P U L
E Y E F U C V K V O F B Z D S G
Y E I V Z M W K C F E I E I N I
B M B P U C X T W S U S E C U D
R A M K I M I N G B U U Y U T B
U A C P Q O P W B A W E J K H B
```

Find joy in the little things and you'll create a world of wonder

- cockatiel
- conure
- pionus
- budgerigar
- macaw
- senegal
- lorikeet
- eclectus
- lovebird
- african grey

Puzzle 49

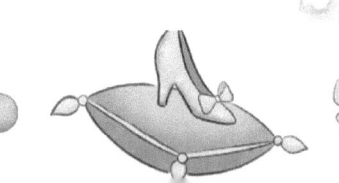

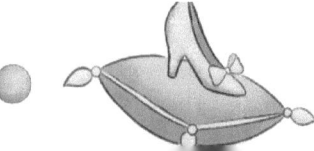

Gadgets

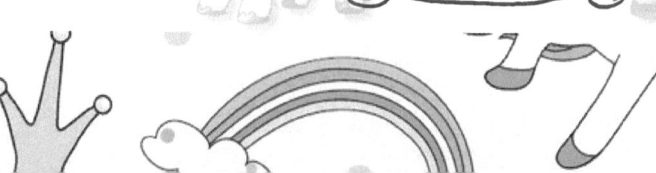

```
P L D R O N E G I C Q V J Q M C
F U U D R F S R B M A F V I T A
L R Y N Y B M A Q R I Y T N S M
A T P K S M A R T P H O N E E E
P D D Z M P R R S S T K V L L R
T J H T T O T A B L E T J I F A
O V L B I W W E V Z P H F O I N
P C K K H E A D P H O N E S E F
G N G O N R T G U N P B I E S R
W O O X H B C X B X Q I S R T H
I S B S C A H K L X Y O C E I V
F Q I L I N G O J R J T L A C S
Y Y I C O K T D O G A Q N D K M
T S G X K H U U Q N H C B E R Q
C Z Q W W P V P P L E R A R H G
W K P U K H G W R G F G C T J Z
```

Never stop believing in the magic of being you

smartphone   laptop   tablet
camera   drone   smartwatch
headphones   power bank   selfie stick
e reader

Puzzle 50

Solutions

Puzzle 1

B	F	M	R	E	N	F	Q	H	R	W	W	E	Z	M
O	E	U	G	P	J	V	E	V	X	X	F	N	D	F
F	A	G	P	I	A	J	O	A	P	P	L	E	E	M
S	T	R	A	W	B	E	R	R	Y	P	Y	J	V	M
X	I	A	N	W	F	D	A	D	X	O	J	G	B	Z
G	J	P	B	A	N	A	N	A	S	D	E	A	M	Y
C	H	E	R	R	Y	X	G	J	Q	V	P	H	A	N
Y	E	S	K	O	Q	R	E	K	E	Y	P	F	N	F
L	F	P	R	V	B	H	V	P	F	Q	G	X	G	H
E	X	E	M	X	R	P	S	E	R	E	I	T	O	G
M	V	A	A	L	W	Y	U	A	P	S	Z	Z	U	V
O	E	R	E	X	E	H	L	C	C	Y	U	F	H	Y
N	L	W	Y	L	V	P	Z	H	E	C	U	G	Y	E
Z	G	P	Y	T	N	Y	S	Q	X	Y	H	L	Y	A
P	D	L	Q	C	W	D	J	L	E	X	I	V	L	S

Puzzle 2

E	J	B	M	U	A	E	J	N	A	Q	I	Q	Y	L
P	E	L	Y	E	U	D	W	W	R	U	C	W	V	J
R	K	X	F	K	X	R	C	Q	S	R	F	A	M	A
J	A	Q	E	S	P	A	P	A	Y	A	A	T	B	Q
Y	P	L	U	M	X	M	K	E	C	S	X	E	G	G
E	O	D	P	U	Y	P	Q	D	Q	P	X	Y	R	O	R
F	M	D	J	Y	C	I	A	B	B	B	O	M	K	P
A	E	H	K	U	X	N	H	Y	L	E	Z	E	I	D
B	L	A	C	K	B	E	R	R	Y	R	Z	L	W	F
P	O	W	J	B	A	A	N	J	V	R	T	O	I	G
T	O	R	M	I	G	P	B	T	W	Y	W	N	O	S
F	V	U	P	U	Z	P	A	V	Z	S	R	I	C	Q
E	X	R	M	A	U	L	N	G	Z	N	U	T	O	C
N	Z	M	B	L	U	E	B	E	R	R	Y	H	E	I
Y	R	W	M	G	R	A	P	E	F	R	U	I	T	O

Puzzle 3

S	L	W	O	L	F	B	J	C	Y	N	D	U
T	P	O	Q	N	W	H	T	E	Q	K	E	R
I	Z	E	T	I	L	N	A	L	X	T	I	U
P	V	M	P	V	I	Q	R	E	R	I	J	M
J	K	O	A	L	A	Q	P	P	J	G	D	K
L	I	O	N	Q	O	H	P	H	B	E	I	Y
D	F	N	D	K	U	P	P	A	D	R	P	D
G	I	R	A	F	F	E	X	N	Z	N	R	D
V	V	R	Z	B	A	N	F	T	A	N	W	F
A	R	G	M	Y	L	G	R	U	J	J	Y	B
P	Y	R	E	B	H	U	Q	C	V	V	X	W
P	B	E	A	R	K	I	R	H	F	O	R	U
X	T	I	J	M	O	N	K	E	Y	J	N	F

Puzzle 4

P	O	Q	P	Y	G	O	R	I	L	L	A	M	M
P	C	K	C	T	A	J	P	Y	S	H	S	V	B
E	A	A	L	G	W	S	G	R	Q	M	Z	J	K
T	M	N	A	O	W	W	I	L	U	S	U	C	F
J	E	G	G	G	J	V	Z	P	I	M	H	G	E
I	L	A	A	H	O	Z	E	B	R	A	P	G	A
O	K	R	E	V	X	Q	R	C	R	G	P	S	X
C	R	O	C	O	D	I	L	E	E	P	U	R	Z
K	A	O	N	C	C	U	S	J	L	P	T	H	N
D	U	C	P	J	A	P	K	F	C	J	U	I	Z
O	C	H	E	E	T	A	H	A	O	R	O	W	D
G	D	D	S	B	T	W	M	H	Y	S	Q	O	O
P	Q	L	U	P	Q	D	O	E	U	F	Y	W	O
Z	E	T	R	M	P	E	W	V	A	I	O	O	V

Puzzle 5

N	B	L	L	L	A	U	L	Z	H	O	R	N	J
Y	P	U	B	L	F	N	J	M	H	J	O	G	E
R	G	U	E	F	A	I	R	Y	T	A	L	E	G
H	K	K	B	L	N	C	T	T	W	O	R	L	I
O	T	P	U	T	T	O	Y	H	U	V	W	S	Z
Y	E	H	R	A	A	R	A	I	N	B	O	W	U
T	P	D	P	F	S	N	M	C	V	M	T	E	S
N	C	R	O	D	Y	P	M	A	Q	Y	I	K	L
A	Z	I	S	P	A	R	K	L	E	S	P	D	F
D	L	U	B	I	J	O	G	W	W	T	I	J	O
P	S	I	P	R	G	S	A	M	X	I	Z	O	E
L	D	O	O	H	X	M	A	G	I	C	A	L	L
F	L	F	R	M	N	E	I	J	X	A	G	Z	D
U	S	F	A	B	L	E	S	Y	E	L	W	Q	B

Puzzle 6

J	T	J	F	X	V	H	E	D	J	E	V	Y
H	M	E	W	Z	H	B	S	J	Y	X	J	J
Y	P	F	B	P	K	D	C	L	P	D	I	D
W	Y	E	L	A	J	Q	G	L	B	T	Y	T
R	O	Y	A	L	E	M	F	R	A	Y	B	N
S	K	H	I	A	W	A	P	E	F	R	L	E
L	X	G	C	C	E	J	L	G	B	Q	Q	F
N	O	B	L	E	L	E	G	A	N	C	E	Z
C	R	O	W	N	S	S	I	L	Q	E	H	C
C	E	G	F	T	H	T	H	R	O	N	E	G
P	Z	H	E	E	M	Y	P	H	A	P	Y	G
T	E	J	L	C	A	S	T	L	E	F	R	C
O	V	D	V	H	X	R	G	E	L	W	R	Z

Puzzle 7

N	B	J	O	P	R	I	C	X	V	Y	O	D	H
Q	S	V	D	A	P	M	D	O	N	U	T	T	T
U	V	G	F	L	P	U	D	D	I	N	G	F	X
X	T	I	C	E	C	R	E	A	M	R	F	Q	H
R	M	H	H	T	O	R	T	I	G	F	J	W	C
P	I	E	O	V	O	E	H	E	O	I	O	Y	U
L	Y	C	C	Q	K	M	X	B	R	E	Q	A	P
Q	P	O	O	B	I	X	K	R	N	Y	N	O	C
F	Z	T	L	X	E	B	L	O	T	X	N	Y	A
E	D	U	A	G	Y	M	N	W	P	Q	M	E	K
T	U	R	T	B	N	S	U	N	D	A	E	R	E
T	T	C	E	M	I	C	G	I	J	E	X	Z	Y
R	W	Z	E	M	C	A	K	E	Y	K	U	B	P
I	O	H	K	X	I	N	A	L	V	G	Y	R	J

Puzzle 8

W	F	F	J	O	C	O	C	I	Y	E	T	L	K	Q	V
G	R	G	E	L	A	T	O	N	B	X	A	P	K	I	G
U	F	J	P	A	R	F	A	I	T	C	D	N	A	I	L
Q	D	Z	C	I	A	Q	H	W	O	F	O	V	B	T	Y
M	B	V	H	T	M	U	F	F	I	N	S	D	D	X	L
Y	B	S	E	B	E	L	H	E	Y	R	L	X	J	R	K
M	R	O	E	T	L	Z	Y	C	K	O	Y	T	A	O	W
M	A	R	S	H	M	A	L	L	O	W	P	R	L	T	X
Z	R	B	E	J	T	I	R	A	M	I	S	U	P	I	Y
M	T	E	C	S	A	X	Y	I	C	T	H	F	Z	K	A
Z	O	T	A	F	B	A	W	R	V	B	M	F	S	W	H
Z	Q	S	K	L	D	O	N	V	H	H	A	L	W	F	K
N	O	N	E	X	S	Z	V	D	J	V	H	E	E	S	I
H	Z	E	Y	S	Y	Q	J	O	W	I	Q	I	I	V	O
E	O	A	R	H	L	U	P	B	R	G	M	P	B	A	N
W	D	M	F	T	Y	E	Z	D	P	Q	U	I	P	B	Q

Puzzle 9

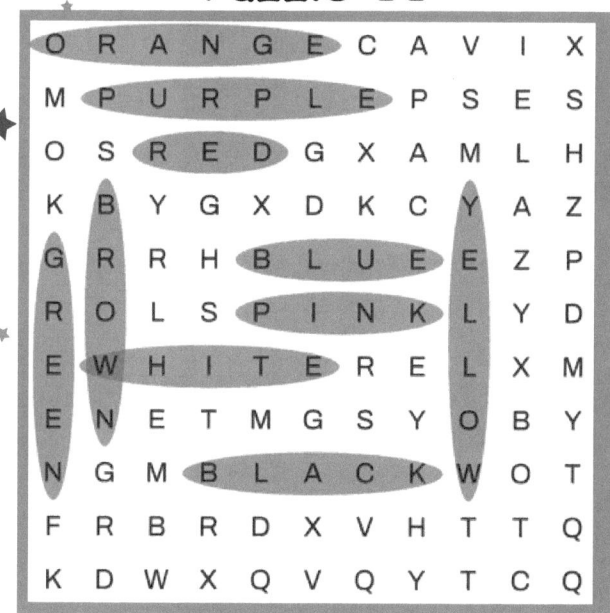

P	F	A	N	E	U	H	U	U	H	M	G	P	U	K	P	T	H
J	J	E	C	A	R	A	M	E	L	S	W	I	R	L	K	G	I
X	N	N	H	I	M	X	D	E	V	T	W	S	D	C	M	N	P
T	D	N	E	A	P	O	L	I	T	A	N	T	W	D	E	Z	K
Z	O	C	R	M	Y	F	Z	O	O	G	K	A	F	N	P	J	J
W	R	O	R	E	W	S	O	P	J	G	P	C	Q	O	E	Z	W
C	A	T	Y	B	V	L	H	M	H	O	F	H	V	H	P	D	H
Q	N	T	G	U	F	Y	A	A	E	J	I	O	D	S	P	B	Y
Q	V	G	O	A	Q	J	V	U	P	U	J	J	O	X	G	E	Y
V	A	E	N	R	I	T	I	X	L	Q	Q	P	U	K	N	R	A
A	N	S	C	C	O	O	K	I	E	D	O	U	G	H	J	M	W
N	I	H	A	I	K	R	T	Y	W	K	H	F	Z	R	I	T	M
I	L	E	N	A	K	C	A	A	A	H	L	K	N	T	E	N	B
L	R	D	D	X	F	F	N	Y	L	Q	A	G	I	R	N	T	M
A	B	Y	K	P	X	B	J	N	G	R	G	W	N	F	Q	C	J
F	E	K	F	T	Z	W	I	U	J	Z	E	R	S	T	S	C	H
X	T	F	X	O	H	S	R	T	L	U	B	V	C	D	P	N	C
L	K	G	X	V	F	B	M	Q	S	T	X	T	Q	U	B	G	O

Puzzle 10

X	Y	V	M	Q	K	Y	S	G	N	T	L	X	V	Z	G
T	N	C	H	A	M	B	U	R	G	E	R	H	E	J	U
J	A	I	B	O	Z	R	D	U	O	J	P	D	V	Y	K
K	W	V	F	R	E	N	C	H	F	R	I	E	S	N	X
D	X	Y	Y	A	A	F	V	W	I	O	A	H	B	W	H
S	I	Q	I	N	C	C	S	A	N	D	W	I	C	H	R
Z	I	Q	K	G	W	H	P	W	H	W	S	E	V	V	D
O	A	S	W	E	Q	I	A	F	C	F	V	Q	O	A	B
V	Y	P	S	J	F	C	G	D	A	O	L	Y	V	T	Q
W	C	G	H	U	V	K	H	I	Z	G	R	I	Y	Y	M
T	I	X	P	I	O	E	E	W	H	O	T	D	O	G	O
C	S	T	C	C	L	N	T	I	M	S	A	L	A	D	I
U	Y	J	B	E	X	M	T	W	R	L	B	L	L	D	U
J	P	I	Z	Z	A	T	I	X	R	W	J	V	X	Z	
A	G	W	H	B	N	X	L	L	P	U	S	O	D	J	U
J	K	G	B	H	C	H	E	E	S	E	F	T	K	A	D

Puzzle 11

O	R	A	N	G	E	C	A	V	I	X
M	P	U	R	P	L	E	P	S	E	S
O	S	R	E	D	G	X	A	M	L	H
K	B	Y	G	X	D	K	C	Y	A	Z
G	R	R	H	B	L	U	E	E	Z	P
R	O	L	S	P	I	N	K	L	Y	D
E	W	H	I	T	E	R	E	L	X	M
E	N	E	T	M	G	S	Y	O	B	Y
N	G	M	B	L	A	C	K	W	O	T
F	R	B	R	D	X	V	H	T	T	Q
K	D	W	X	Q	V	Q	Y	T	C	Q

Puzzle 12

V	E	G	E	T	A	B	L	E	S	S	N	Z	Q	I
U	L	F	A	R	M	E	R	J	Q	X	J	P	E	M
P	A	I	U	A	I	T	S	V	S	M	R	I	G	T
H	V	E	X	C	C	G	H	I	C	Q	Y	I	P	D
M	I	L	K	T	O	Z	E	R	T	Q	F	Y	N	M
S	Y	D	H	O	R	S	E	J	K	E	Q	C	F	G
L	E	S	G	R	N	C	P	X	S	T	L	S	L	N
D	Y	N	Q	C	O	W	I	K	H	D	O	Z	V	S
C	Q	X	P	F	E	Q	N	U	Q	D	I	T	W	J
L	U	X	L	T	M	J	K	I	D	P	M	C	K	Q
X	S	P	J	V	I	K	P	G	T	S	E	P	T	K
K	Q	F	U	L	P	Z	W	H	Y	E	S	K	R	P
F	T	S	T	F	I	H	L	E	C	P	N	N	P	T
G	P	J	F	X	G	J	C	I	K	M	W	J	X	G
E	J	H	E	B	E	R	A	P	E	I	O	X	F	J

Puzzle 13

Z	W	X	Z	T	I	J	B	I	P	O	P	D	N	G	T
Z	O	T	V	O	P	N	Z	G	R	D	M	E	O	Q	M
R	W	K	W	Z	A	H	Z	W	E	C	V	C	C	P	Y
G	P	M	Y	M	R	Q	T	C	S	S	D	O	H	B	U
A	Y	K	W	S	T	E	F	A	E	B	T	R	Y	J	N
M	M	J	A	P	Y	M	A	N	N	L	D	A	X	T	J
E	E	J	A	K	H	S	H	D	T	L	Z	T	T	R	A
S	J	W	I	Q	A	O	F	L	S	U	C	I	A	P	O
O	E	G	I	F	T	S	J	E	D	E	W	O	N	Z	K
Z	A	Q	M	A	G	I	C	S	H	O	W	N	K	F	L
N	D	K	D	K	L	P	Q	Q	Q	H	G	S	T	B	F
Q	Y	R	O	E	Y	O	J	Q	O	H	U	X	H	H	C
L	N	B	S	O	P	N	F	M	U	S	I	C	K	A	J
Z	I	Y	Z	H	R	B	A	L	L	O	O	N	S	Y	V
R	X	M	U	G	H	A	P	P	I	N	E	S	S	U	E
X	K	I	R	Q	K	C	C	J	E	C	Z	Y	U	V	K

Puzzle 14

T	P	T	Q	B	I	G	Q	I	N	H	K	X	C	I	G
E	I	G	R	P	M	T	B	I	Q	L	D	T	W	L	J
L	V	I	M	W	Q	R	I	M	X	C	U	Z	O	L	A
Y	F	S	S	F	S	E	R	A	I	Y	B	M	V	K	B
C	T	A	M	E	W	Y	T	F	G	M	I	H	H	M	G
R	W	G	U	Z	Q	V	H	Q	R	Z	N	H	Z	Q	U
H	G	O	F	M	N	N	D	M	U	L	M	G	F	F	A
B	B	Q	S	N	W	B	A	A	B	N	G	N	A	W	I
B	A	R	Z	G	A	P	Z	Y	H	G	V	I	V	M	Z
N	U	G	W	A	D	H	S	I	U	R	Y	A	I	R	Z
N	O	P	N	L	Z	A	O	I	E	F	O	Z	L	C	F
E	Q	C	F	R	I	E	N	D	S	T	W	Q	Y	C	X
R	B	H	K	V	N	P	G	S	T	G	H	F	U	V	D
P	M	E	M	O	R	I	E	S	L	Q	U	V	J	T	A
B	C	E	L	E	B	R	A	T	I	O	N	H	T	R	I
D	Q	R	A	S	F	X	V	T	S	U	Y	Z	H	L	J
Y	S	S	Z	D	G	U	E	S	T	S	Z	P	X	F	Q

Puzzle 15

F	I	O	R	M	W	E	S	Q	Z	E	F
A	F	S	X	Q	Z	O	H	Q	O	U	W
Q	I	G	S	J	D	G	V	R	B	P	S
R	J	V	O	W	T	A	X	C	K	B	P
K	S	S	C	J	W	T	P	H	O	F	T
Q	J	W	K	A	V	J	E	A	N	S	Z
M	M	E	S	C	O	A	T	T	X	O	K
I	H	A	U	K	K	B	L	L	D	R	H
Y	G	T	W	E	T	S	H	I	R	T	E
W	X	E	A	T	X	H	J	I	E	M	I
B	N	R	S	H	O	E	S	P	S	B	K
Z	P	A	J	A	M	A	S	B	S	F	E

Puzzle 16

I	C	D	M	S	U	N	H	A	T	W	G	W
V	Y	M	A	V	V	S	D	D	O	A	H	R
K	H	J	W	V	Q	Q	D	W	A	S	A	R
T	B	L	O	U	S	E	N	Y	F	L	I	J
R	L	E	K	N	C	N	X	W	S	A	R	N
O	O	F	N	H	A	Q	X	S	N	A	B	H
M	O	N	D	Z	R	W	S	S	M	S	A	O
P	M	W	L	O	F	X	W	K	I	N	N	I
E	E	F	O	I	O	K	A	R	T	Y	D	O
R	R	A	I	N	C	O	A	T	T	N	G	Y
P	S	A	N	D	A	L	S	Y	E	S	P	L
B	C	C	A	R	D	I	G	A	N	A	F	D
D	T	O	Q	V	S	Y	D	Q	S	D	G	G

Puzzle 17

S	O	Y	J	V	P	C	J	X	F	A	L	G	E	F	M	M	K
Y	J	R	N	B	H	P	H	P	B	R	V	E	A	I	C	B	A
J	K	X	B	G	J	P	Y	H	M	C	X	B	W	J	R	Q	H
F	D	Q	U	R	P	D	D	O	O	N	I	D	L	C	Z	N	B
U	P	K	F	C	F	V	X	T	V	D	K	U	O	S	X	I	I
P	A	H	X	O	Y	Q	P	O	Q	X	B	F	Q	I	M	Z	C
T	P	L	A	Y	I	N	G	G	U	I	T	A	R	N	D	U	O
Y	M	F	F	R	G	R	N	R	G	W	O	T	C	G	T	X	O
G	W	H	M	V	R	Q	S	A	J	X	M	R	O	I	V	C	K
W	H	S	U	J	X	D	F	P	W	J	Z	A	L	N	I	Y	I
Y	K	D	C	O	T	Q	B	H	R	B	R	V	L	G	Y	C	N
D	A	N	C	I	N	G	F	Y	N	J	E	E	E	Q	I	L	G
P	G	P	F	P	C	M	R	H	Q	M	A	L	C	G	K	I	Q
E	J	X	A	O	F	J	B	D	Y	J	D	I	T	Z	C	N	J
Y	M	S	N	R	M	I	L	G	O	I	N	I	W	N	G	Z	
L	Q	C	W	U	P	A	I	N	T	I	N	G	N	U	E	H	A
Z	O	L	N	I	V	A	H	N	W	X	G	I	G	P	Z	Q	C
H	R	E	T	D	G	M	Z	B	R	D	G	U	H	O	R	O	U

Puzzle 18

P	B	Z	C	R	Z	E	D	R	K	P	O	O	Z	D
X	L	T	O	O	O	L	T	U	R	C	U	E	H	D
X	U	G	V	C	N	E	U	O	E	P	W	C	P	G
W	E	D	C	K	N	C	N	W	C	E	S	S	U	O
N	S	J	E	V	N	T	E	B	F	W	O	O	Z	Y
A	E	V	J	Z	W	R	V	F	Y	C	U	B	K	M
Q	N	Y	R	F	V	O	X	R	K	T	L	C	G	A
M	M	O	C	O	U	N	T	R	Y	I	M	U	H	Q
S	A	Z	E	R	M	I	R	P	H	Y	U	F	O	Y
N	Y	Q	V	D	M	C	X	Y	H	C	S	Q	Y	H
C	Z	R	E	V	X	D	J	Z	G	H	I	O	K	G
S	O	X	U	C	C	L	A	S	S	I	C	A	L	Q
T	Q	G	R	A	P	K	Z	D	P	O	P	Y	O	M
Y	H	I	P	H	O	P	Z	M	B	V	N	U	A	A
B	O	E	L	Q	H	Z	Z	P	N	Y	M	Q	E	D

Puzzle 19

Q	E	K	P	E	M	C	G	J	S	N	F	U	N	B	L	H
Q	T	R	D	S	W	L	R	J	A	S	G	Q	Y	E	S	P
P	O	F	M	D	G	R	W	W	M	V	N	V	R	A	L	L
V	B	B	W	I	Q	S	J	T	B	Z	V	F	H	J	I	K
O	A	H	L	M	C	P	H	B	A	L	L	E	T	R	C	G
L	L	N	T	P	G	N	X	Q	L	X	W	W	S	M	M	A
T	L	S	Z	R	W	N	D	J	G	S	K	N	I	K	D	U
M	R	Q	S	Q	Q	K	R	K	X	T	M	T	A	P	J	Q
C	O	N	T	E	M	P	O	R	A	R	Y	U	W	X	Y	F
D	O	M	C	O	P	H	B	I	J	E	S	B	F	V	H	S
N	M	D	N	Z	Q	C	V	S	E	H	T	B	K	N	R	
B	A	D	L	S	J	S	R	K	U	T	Z	U	M	B	A	T
M	R	U	V	J	U	F	K	M	T	D	D	U	G	T	D	G
D	D	G	T	H	X	W	S	Y	S	A	L	S	A	J	B	B
E	T	A	N	G	O	P	P	Z	Q	N	X	I	O	D	M	T
D	T	T	Z	I	N	W	E	W	Z	C	O	A	X	S	L	Z
D	B	R	E	A	K	D	A	N	C	E	S	Y	S	I	M	E

Puzzle 20

Q	E	F	L	Q	P	E	N	C	I	L	X	Y	X	J
J	E	M	E	C	R	A	Y	O	N	S	E	L	R	J
S	F	M	E	U	X	O	M	P	Y	K	B	H	L	F
J	Y	B	S	S	R	X	J	O	E	A	O	G	I	W
Q	J	W	E	O	N	Q	N	G	R	Z	O	C	B	P
F	R	A	A	E	P	R	L	A	A	B	K	L	R	G
R	O	F	X	X	M	J	J	Z	S	L	S	A	A	H
P	X	X	K	B	W	L	F	G	E	Y	T	S	R	C
N	F	C	X	T	R	Y	U	T	R	D	O	S	Y	D
F	P	F	D	E	B	Z	L	X	J	R	W	R	L	K
S	A	N	I	A	P	N	O	T	E	B	O	O	K	Q
E	L	B	R	C	A	L	C	U	L	A	T	O	R	P
I	J	Q	D	H	L	M	E	T	C	A	K	M	C	V
W	V	B	Y	E	C	V	M	G	I	M	C	D	E	I
F	J	O	U	R	N	A	L	C	X	A	G	W	J	P

Puzzle 21

D	H	G	A	B	C	F	O	J	P	V	N	A	I	R	A
A	G	I	O	G	U	E	T	G	J	V	G	S	I	B	K
A	E	X	A	M	S	K	Z	S	C	I	E	N	C	E	E
X	E	B	L	B	G	Z	W	P	A	M	Q	L	Z	L	Q
L	Q	Z	P	R	O	J	E	C	T	S	X	E	C	L	S
G	O	B	H	K	R	D	O	J	V	Y	T	R	M	T	Q
O	X	M	A	T	H	E	M	A	T	I	C	S	L	U	Q
X	K	N	B	H	F	F	J	J	J	W	T	C	W	M	C
Z	K	W	E	T	W	J	U	D	D	R	Z	H	T	I	A
A	A	R	T	H	C	M	G	T	W	I	T	O	N	S	H
B	Y	D	K	E	P	A	X	D	J	T	F	O	Z	A	J
Q	K	J	B	S	Q	Z	S	P	Q	I	U	L	Z	F	B
B	Y	U	Z	M	Z	I	A	I	V	N	Y	Y	O	B	J
E	Z	Y	X	X	P	G	G	E	O	G	R	A	P	H	Y
G	P	H	G	G	Q	S	B	B	F	K	L	R	P	H	Q
S	D	H	L	K	U	D	X	P	O	T	A	D	M	J	N

Puzzle 22

S	E	X	O	V	E	R	T	T	Q	G	X	T	K	X	
E	R	H	Y	A	G	S	E	A	T	F	N	D	E	U	
Z	J	S	M	V	L	G	M	C	O	B	U	I	R	V	
P	S	C	H	O	O	L	B	U	S	K	M	C	V	V	
P	Z	I	G	W	B	Y	V	Z	Q	S	B	T	Y	L	
S	E	J	E	P	E	V	Z	F	F	J	E	I	W	E	
C	Q	N	F	W	J	N	H	D	L	O	R	O	G	T	
H	E	C	T	E	X	T	B	O	O	K	S	N	J	T	
O	R	E	P	O	R	T	C	A	R	D	J	A	F	E	
O	S	L	U	N	C	H	U	D	S	B	X	R	Q	R	
L	Z	A	A	J	F	J	J	K	V	N	Y	K	S		
B	A	B	A	T	B	R	L	M	K	M	K	B	V	J	
A	I	R	U	P	Y	K	Y	D	Q	D	R	Z	F		
G	H	U	E	T	I	D	S	N	K	Y	J	J	D	G	
E	Y	J	L	J	S	O	T	Z	Q	B	Q	M	D	L	

Puzzle 23

X	T	S	U	N	F	L	O	W	E	R	J	B	C		
A	L	N	V	H	D	A	I	S	Y	H	Z	R	K		
I	O	H	D	U	N	M	P	S	M	L	Q	M	A		
W	H	D	L	I	F	A	U	R	L	V	J	S	X		
V	I	U	A	T	R	R	M	O	Q	S	C	A	D		
V	I	R	V	O	O	I	B	F	R	K	L	X	C		
J	T	B	E	R	S	G	L	A	L	S	P	O	X		
H	Z	E	N	E	E	O	R	R	N	R	E	R	W		
H	X	P	D	U	J	L	X	K	N	C	O	C	S		
P	O	I	E	D	A	D	E	Q	J	U	N	H	L		
K	M	R	R	F	C	D	B	Y	Z	I	Y	I	I		
R	W	I	Z	I	U	G	J	N	J	M	J	D	L		
Q	B	S	N	N	M	K	N	E	O	T	S	V	Y		
N	Q	M	H	X	O	Y	T	T	U	L	I	P	O		

Puzzle 24

W	C	O	M	E	T	E	O	R	T	E	J	O	U	F	
E	G	H	Z	X	P	S	T	H	N	H	W	Z	U	M	
U	N	L	G	O	O	A	M	B	P	L	M	X	P	F	
P	M	T	A	C	C	T	M	G	H	A	C	M	R	K	
K	M	P	L	A	N	E	T	S	S	M	L	Q	D	G	
T	E	F	A	V	I	L	Z	W	A	Z	M	E	Y		
W	E	U	X	V	W	L	Y	F	S	T	T	G	X	S	
Y	N	Q	Y	M	N	I	Z	C	T	L	F	A	M	T	
R	R	F	I	F	I	T	L	N	R	R	T	N	B	A	
L	O	S	T	E	L	E	S	C	O	P	E	M	D	R	
N	C	M	Y	H	Z	F	L	X	N	L	L	D	Q	S	
Q	K	S	P	A	C	E	C	R	A	F	T	H	U	U	
A	E	N	N	H	P	L	O	B	U	Q	E	A	Y	Q	
N	T	Y	I	Y	G	F	Q	V	T	Y	C	J	N	T	
H	R	A	D	K	H	K	A	X	I	N	M	P	L	Y	

Puzzle 25

A	H	H	C	Q	G	P	S	S	U	G	E	C	H
T	J	I	V	L	K	D	U	O	A	L	I	C	F
I	C	Z	R	C	Z	A	J	C	O	Y	F	O	W
N	O	V	E	M	B	E	R	T	Z	C	I	Z	S
P	B	B	C	T	J	N	B	O	A	A	T	Y	E
X	X	Y	C	A	C	S	O	B	X	H	W	Z	P
Z	H	A	L	L	O	W	E	E	N	A	P	T	T
E	Z	F	C	H	R	F	X	R	J	R	S	T	E
M	X	J	J	C	N	L	H	W	A	V	G	L	M
L	I	V	P	U	M	P	K	I	N	E	B	Z	B
J	K	T	L	E	A	V	E	S	X	S	U	B	E
L	R	A	I	N	Z	E	V	O	B	T	V	C	R
F	L	V	S	U	E	K	P	T	O	D	Y	U	D
H	V	V	E	A	B	C	I	R	L	T	V	X	Q

Puzzle 26

B	C	M	Z	D	X	P	E	J	X	T	M	W	V
W	S	O	L	M	B	P	J	H	G	Z	D	G	U
Y	C	O	S	T	U	M	E	F	X	V	K	H	F
P	M	N	G	M	B	A	Z	S	E	O	V	O	G
X	B	L	R	G	U	Q	H	P	G	E	I	S	S
P	T	I	M	P	E	W	Z	I	O	K	Y	T	Z
K	H	G	I	S	C	L	X	D	D	J	P	S	N
N	T	H	O	W	A	G	W	E	V	E	N	Z	X
U	V	T	I	F	N	S	I	R	G	J	P	O	Y
T	X	M	C	J	D	Y	T	S	D	S	A	M	T
K	Y	B	A	T	L	P	C	Y	W	G	V	B	X
H	A	U	N	T	E	D	H	K	N	J	L	I	S
G	U	R	D	Y	S	Z	L	V	D	V	A	E	Y
W	W	O	Y	A	D	R	U	N	G	V	R	B	L

Puzzle 27

F	B	L	Q	S	L	E	I	G	H	M	B	I	T
P	J	P	U	N	K	S	R	A	D	C	J	S	P
D	U	B	H	O	L	I	D	A	Y	H	D	N	U
R	H	N	Z	W	S	E	S	K	G	C	A	O	Z
E	M	Y	X	B	O	O	T	S	H	N	M	W	X
E	Z	M	C	O	E	O	U	N	F	J	L	M	G
N	C	T	H	X	I	P	Y	O	I	C	J	A	U
M	D	S	A	F	V	Z	W	R	V	Y	N	N	L
S	U	O	M	P	I	Y	D	B	E	C	H	G	K
Q	M	L	J	B	O	O	E	A	P	N	E	E	R
N	W	N	N	S	Q	N	W	L	L	M	P	L	O
M	J	Q	S	N	O	W	F	L	A	K	E	P	O
M	W	H	X	D	S	R	K	J	C	K	Y	H	L
R	N	O	R	T	H	P	O	L	E	J	X	X	Y

Puzzle 28

K	O	Y	B	J	I	J	R	W	M	M	K	P	T	K	Q	J	X
N	R	K	M	R	H	J	X	X	T	A	R	H	S	W	N	Y	G
E	R	M	J	P	G	A	Y	F	I	S	D	N	F	L	H	W	S
Y	J	I	N	G	L	E	B	E	L	L	S	K	E	R	P	K	J
Q	M	W	S	F	N	C	I	A	X	E	I	S	N	I	E	K	H
D	K	A	W	K	D	H	K	R	H	I	M	N	Z	M	V	T	P
V	G	K	W	O	V	R	P	L	O	G	V	H	O	H	G	O	M
S	U	V	O	B	S	I	N	E	M	H	A	I	C	S	E	U	F
E	L	N	Y	S	N	S	P	W	K	R	C	Q	T	A	Q	K	T
T	E	L	F	B	O	T	H	H	D	I	A	O	Z	N	U	E	Y
F	M	B	X	O	W	M	L	J	H	D	T	B	D	T	G	G	W
T	D	N	G	C	G	A	W	Y	A	E	I	C	M	A	G	L	W
Y	B	Y	Y	X	L	S	L	F	R	H	O	L	N	C	A	L	Z
M	C	X	X	V	O	T	U	R	W	O	N	Z	W	L	S	Z	U
K	G	W	K	Z	B	R	H	O	T	C	O	C	O	A	L	S	D
B	M	B	D	L	E	E	G	S	T	A	I	E	D	U	K	L	S
T	R	A	K	B	M	E	H	T	X	Y	V	C	O	S	P	Z	R
C	H	R	I	S	T	M	A	S	Q	E	L	B	F	Z	R	E	G

Puzzle 29

Z	A	W	Z	M	R	E	N	E	W	A	L	F	O
M	G	O	O	Z	G	N	P	F	R	E	S	H	I
Z	L	V	X	M	U	Z	Z	I	N	D	T	O	F
W	H	B	V	B	Z	P	R	K	E	X	Q	X	N
R	E	V	H	U	M	B	B	Z	A	Q	M	S	B
L	M	X	W	V	L	U	W	B	G	Z	Y	O	T
S	S	O	W	V	W	O	T	U	S	W	H	K	S
M	F	E	B	N	A	S	T	L	T	V	L	T	F
G	N	F	U	E	R	S	E	E	Q	E	Z	H	T
E	I	T	D	A	M	O	R	B	O	H	Y	G	M
G	R	A	S	S	T	M	F	J	K	K	J	M	B
G	R	O	W	T	H	Q	L	D	A	W	I	Z	S
O	V	T	H	E	T	R	Y	F	W	B	C	X	E
W	D	G	A	R	D	E	N	I	N	G	S	K	X

Puzzle 30

Z	Z	Q	L	B	F	K	A	M	M	O	O	F
W	M	O	Q	M	S	O	N	A	T	U	R	E
M	T	D	L	J	S	S	F	Y	S	T	M	N
K	A	A	P	R	I	L	Z	U	R	D	A	J
C	A	Y	M	C	N	K	E	S	P	O	B	B
K	L	L	A	D	X	X	I	G	Q	O	L	X
R	B	I	R	D	S	O	N	G	U	R	U	N
G	X	G	C	T	P	E	H	A	H	L	E	L
H	Y	H	H	D	S	Y	C	U	P	G	S	T
H	G	T	V	I	W	Z	E	I	A	X	K	U
P	P	C	T	F	Y	D	K	Z	L	V	Y	U
C	A	L	Y	K	P	E	T	A	L	S	Z	M
J	Q	X	G	S	B	E	E	S	Q	S	V	F

Puzzle 31

L	P	I	S	I	I	E	Z	O	H	F	V	U	B	D
F	I	R	E	W	O	R	K	S	U	L	C	V	L	F
L	B	M	D	I	X	V	I	V	R	W	S	Q	E	U
I	D	G	F	O	R	U	V	S	D	C	D	S	M	S
P	Z	I	H	Z	C	T	W	U	K	F	E	P	O	A
F	E	S	U	N	S	H	I	N	E	W	L	J	N	N
L	S	U	N	G	L	A	S	S	E	S	V	T	A	D
O	U	R	G	G	G	G	W	C	J	D	T	H	D	C
P	B	F	D	D	E	D	I	R	W	M	P	L	E	A
S	U	I	C	V	B	F	M	E	Q	F	C	T	L	S
C	N	N	H	N	O	D	M	E	W	Y	K	P	U	T
Y	K	G	O	L	L	I	I	N	Y	B	D	W	O	L
P	W	P	W	L	O	H	N	P	T	L	W	A	G	E
V	K	C	M	E	E	Q	G	W	C	U	D	I	O	Z
V	B	E	A	C	H	S	C	L	M	E	S	O	A	Q

Puzzle 32

A	V	R	P	R	R	H	S	W	K	W	F	G	Z	Y
W	B	X	O	E	T	G	X	J	F	V	U	Q	P	W
K	F	B	M	L	V	Y	C	A	M	P	I	N	G	S
L	Q	E	B	A	V	K	O	Y	Q	F	Z	S	N	E
E	W	A	A	X	F	I	C	C	F	I	E	F	M	A
D	L	C	M	A	C	V	O	A	N	O	N	S	Z	S
M	E	H	H	T	E	X	N	S	Y	X	W	E	V	I
H	I	B	O	I	U	M	U	A	C	K	A	K	W	D
O	C	A	R	O	A	D	T	R	I	P	T	A	U	E
G	T	L	K	N	L	N	K	F	Y	E	E	K	A	N
M	V	L	G	V	R	U	L	H	Z	L	R	W	B	P
X	H	S	U	M	M	E	R	C	A	M	P	U	D	R
V	K	D	U	S	J	J	A	L	D	V	A	R	O	Y
E	L	P	A	L	M	T	R	E	E	S	R	V	A	W
R	O	V	S	W	I	M	S	U	I	T	K	Q	W	C

Puzzle 33

E	R	R	T	C	V	G	I	L	I	Z	Z	V	A	B	T
D	V	A	C	A	Q	Q	A	D	C	I	F	S	A	A	A
F	B	C	A	M	P	C	H	A	I	R	B	L	P	O	K
F	N	G	M	P	Z	L	J	T	D	B	O	E	Z	H	I
C	T	V	P	F	W	I	L	D	L	I	F	E	H	K	H
L	M	I	S	I	W	T	I	B	O	S	B	P	B	W	O
S	P	W	I	R	A	Q	M	O	S	Q	U	I	T	O	J
M	Y	T	T	E	N	T	D	D	L	M	X	N	C	D	X
O	E	R	E	G	E	H	N	J	H	H	I	G	X	Q	N
N	L	A	N	T	E	R	N	M	A	P	P	B	R	B	N
V	X	I	I	I	U	G	H	B	B	V	S	A	L	G	K
S	G	L	Q	P	L	U	C	K	A	S	B	G	U	L	U
N	L	Y	K	Y	J	T	Z	O	W	F	D	Z	F	X	C
W	F	U	C	R	A	O	D	I	K	I	S	D	O	Q	P
J	E	O	M	D	R	X	F	N	K	H	H	X	S	M	L
A	B	X	H	O	R	R	B	C	P	S	C	P	O	I	J

Puzzle 34

J	P	X	H	C	R	M	W	V	W	W	H	P	H	B	Q
C	O	M	P	A	S	S	F	B	F	Y	H	B	G	S	H
P	M	B	V	D	H	W	Y	A	C	X	M	F	I	W	M
U	B	M	C	G	J	B	Y	C	M	W	R	R	A	U	P
S	C	A	N	O	E	Z	Y	K	L	J	S	O	K	U	C
P	A	F	X	K	G	M	X	P	O	M	H	P	L	D	G
G	M	O	F	I	Y	F	Y	A	I	L	G	C	F	X	R
W	P	R	O	T	U	H	K	C	S	M	Z	A	C	R	I
Z	O	E	H	V	G	L	C	K	O	O	X	M	F	C	L
S	V	S	L	N	F	X	U	I	S	X	Q	P	H	L	L
W	E	T	D	A	D	V	E	N	T	U	R	E	B	S	I
K	N	E	H	Z	U	R	I	G	F	R	Z	R	K	Q	N
W	K	E	I	V	E	E	L	Y	A	R	H	L	J	K	G
P	S	Z	B	U	C	D	A	R	Z	L	K	Q	J	J	D
Q	W	I	K	A	Y	A	K	I	N	G	A	D	J	X	R
Q	M	K	W	P	R	C	E	B	I	U	E	R	H	V	V

Puzzle 35

N	R	A	M	M	F	L	D	N	M	Y	L	P	O	V	N	M
Y	O	D	J	J	U	E	P	A	O	B	E	V	V	U	Q	R
B	V	I	X	D	N	U	D	X	P	S	P	E	W	J	M	J
V	O	S	M	J	T	J	I	N	N	P	F	Q	N	B	B	Y
Y	V	S	Z	A	C	F	S	O	F	A	H	H	C	F	Z	Y
Y	E	Q	I	S	C	H	H	S	U	Z	Y	Z	U	Z	V	J
G	N	C	C	Z	H	T	W	S	D	A	C	X	J	F	D	S
R	V	A	E	Q	A	R	A	B	I	Y	P	C	V	T	Q	R
S	Y	R	D	I	I	D	S	M	N	K	N	T	V	F	D	O
L	V	C	I	P	R	T	H	M	I	C	R	O	W	A	V	E
P	K	T	O	A	S	T	E	R	N	Q	K	T	A	B	C	T
B	Q	O	G	W	X	J	R	H	G	P	R	M	R	A	Y	A
E	O	O	C	C	S	Y	W	V	T	C	V	M	D	G	U	R
D	R	E	F	R	I	G	E	R	A	T	O	R	R	V	S	S
J	D	C	C	H	K	T	G	I	B	M	P	N	O	C	R	R
E	V	W	O	E	X	I	J	S	L	J	P	S	B	D	I	V
Z	Z	X	G	L	A	V	U	M	E	D	Y	F	E	J	T	Y

Puzzle 36

Y	P	V	H	T	E	L	E	V	I	S	I	O	N	E
P	L	A	T	E	S	P	M	E	N	X	R	G	J	N
L	A	S	T	T	Y	J	I	L	Y	A	C	L	L	Z
J	N	E	N	W	J	W	R	O	P	Q	L	A	M	P
M	T	S	C	F	H	B	R	N	C	H	V	S	E	V
M	S	G	E	Y	X	O	O	L	I	U	L	S	A	D
H	B	L	E	N	D	E	R	N	V	K	W	E	M	R
C	Y	B	J	E	Y	L	B	I	O	Z	F	S	Q	E
N	P	I	C	K	V	A	O	J	U	F	L	E	M	S
J	S	D	U	J	Z	U	I	D	D	V	R	S	K	S
M	W	M	J	F	I	M	G	E	Q	J	T	P	V	E
P	M	B	K	W	B	C	O	U	C	H	X	L	A	R
C	R	A	V	M	O	D	K	D	C	S	B	P	V	J
G	T	O	T	Z	Z	T	K	D	H	Q	H	D	L	L
G	P	U	N	M	V	P	O	L	O	U	D	M	W	T

Puzzle 37

```
G J A I G F V I J A Q E Z G A
A I D W J S C D O O T Q B X O
L I V I N G R O O M V P P D C
A H Z N P R O K R Q S H T S T
R L R D C O N Z N G V J H A R
M D O O R V B P Y L D T I G E
C I W W B L A N K E T O G G H
L L T D B A T H R O O M W C P I
O Y W B B C F V U Y U E L T E
C D F R O J P H P I L L O W G
K C T N M C E S N G F S W A Y
V M A B W E B L U O Z D P N L
S T O I L E T F O U A J B T T
N P W A K A D N E Y M G D K U
O N U M U K G B O A Y H T E D
```

Puzzle 38

```
S N C H U E V K G Z F Q U E J M F C
O A D I K U Z X N U T I F Z I H P T
W O R D S E A R C H A R H Z G H V Z
Q B H D G R P C E L R E B U S Z D A
O E S E S H C C P I M G O B A P Q V
M F L N M P W R S U D O K U W Q D Z
P F B O L E M Y C D C G B C A K V K
C N E B E C A P I P C B D C A K Q
L V K J O J P T V D J F T U N C X
Q V J E U L X O Y B X F M L L G R S
M A T C H I N G P A I R S I Y R O H
A M J T Z I H R C M O D U Z R A S V
Z O X W R H E A G T E M S M D M S I
E J O M N E E M F U I B L C C O W E
S S G Y G Q L D F P R Q L H E W O Q
Z O Q E I G Z G P Q E U F G U R R
I S P Q B F G G X X H Q A M U I D H
R T B M L X C B V B R J C X F Z Y U
```

Puzzle 39

```
L V Z D O U H E T X P X O R W B L O
L X Y X C N U O U M E A U B I T V G
C U O F T X I R G F X E V I V H X T
O L A V A F L O O R N B H W D M L Z
L B Z G J H F D F W W D H N A F J U
C N X S U Y K J W H W B K K J W D E
B J H V M F N C A D S O S I H L I G
R T B U P R K U R X K Y H C O O A R
U B E C R H I U D K I V A K W P O D
G N W W O O K V S Z C C G B D N C O
K K Z T P P D D O T K X Z A F M N D
C H A U E S M F Z D T G I L D S D G
H X D V E C M W F G H E L L F D S E
V B X D C O H R F R E E Z E T A G B
H O T P O T A T O A C V J X X O T A
B M U S I C A L C H A I R S V I D L
M D T I E H F K W V N D S T F V S L
M O W X R C W J N Q I G Y O E I X M
```

Puzzle 40

```
X H E Z A X S X A I F Q T W W L H
T V D W T F A A R Q B Y A N V S O
R V Q S G W P W C S D E Z T C P O
K T A Y E D P A Y Y R C F M C X P
X D T N N K R V N E C L O V E F T
Z Y B M E A E U H M A Q T J X F I
B J Z M R M C M W F Q N W M L V M
F R Q P O S I R O L A J B C A M I
K E B R S E A N F I K I G J J N S
I N R I I M T K G Q Y D L T E W M
N M E M T N I I N O A T V R I N B
D C P X Y V O P L T R E K U T X C
N E K N B G N A T A P P Q S I U A
E G B Y E X C I T E M E N T H G H
S H O P E U W Y U S D C G J O Y B
S R P D P G R A T I T U D E I E K
E P K Q W D M O M E F X W Q J V T
```

Puzzle 41

```
R O G G H C I I R N O S R M N E J G
D J A R Y X V K V U E Z O G O I S W
F Y I O W D S S X Q W K I X N D U V
A P G L E I B N K O K U L T T C Q R
F M A L B T M O E L A C D H S D X V
Z U T E J K T R Z P G B A R C A D E
A X E R S U Z B T S E U U I N B W U
C I R C U S U Q H U L M I L L H B H
H G K O R M M U S S Q P G L X C L L
V I K A Z G W R Y V N E Z R J A Q J
M K C S R A Z Q R G J R N I C R D Q
U C P T F H V V A Z C C I D Z O U F
Y G R E F U N N E L C A K E O U A W
X P I R A T E S H I P R I O J S F L
V F Z E O C F E R R I S W H E E L J
G V E U U P V O F K A M T Z T L B H
E E S W O R J G C H I J F Q R H C X
Y N M V N B P M D S L Y K L G T O I
```

Puzzle 42

```
X G S A R D P Q W A D R C A A J Z C
D O W N A V M N R D T X W L O T S L
U L Y I Y G K F I R E E A T E R S O
G Q G M B A L A N C I N G A C T L W
N Q T A N N D O G A U U A M K G H N
M G U L K F B C M Q B R L J L M C C
B P E T T J O N A E I K O V J V H A
E S E R N K H D S F G M Q S S V B R
B U E A Z X I A T U T D I Y T M A V
V P M I X J G T E A O K F Z H L H V
O A U N V E H T R A P E Z E C N B P
E I U E S S W R W N H T Q F K B B E
A B I R G E I M C W K I Y G T K E N
X S F Z A C R O B A T S U I Y Y G W
X B T C N S E G T C L O W N P H S K
R W F J C Q V R C Z J O F U L O O X
K E V R X R K O S N P A G H D W X J
M G E G K Y R J H Y Y T O S W D N M
```

Puzzle 43

```
Q V Z F L X N E X R N Z X O R Y Q
F K I D D U N Y U K Z R K S I J Z
M A G L T N L X F C X O M J N A W
V U K S R T A M E R I X Y B G Y X
T D A D A R E D E V I L F H L H C
W I K V M Y J U G I M S I S E I Z
T E L E P H A N T R I D E A A X W
G N H O O P Z G I H D G U Q D V P
O C J O L Y Z Q H E W U B L E M Q
Y E S B I G C A T S A I Z L R A O
F V T Z N G R U Z V Y R P M T U L
K S N J E A I R D H M U U N S U T
E G Y L O K N P Q M R Q V D Y B
Q Z J V D F G L S Z V O Z W F U R
E Y F A K T R C X N R F Z C V Z Z
L K L G N R H R S I C S T U H Y W
Y H C C P F M P M R G O S Z X K J
```

Puzzle 44

```
W B C W M Y I Z V I C V V L
L J M L Q P J R Z Z H X G X
P G G K F T N C D R U M S A
E Z M H B T A U I A J M G M
M B G W L L F W V T A J K K
N H V E N Y P R H L P Z T G
Q R D V M T N D N V C V R I
S K H Y L A C U S L L I N S
Y S A G Z T F X C W A O Z T
G H R U M S D T E F R L C M
H W P I A N O T L N I I L C
F L U T E G Y X L G N N B W
R N S A X O P H O N E C V X
U E U R T R U M P E T O V I
```

Puzzle 45

```
X V Y Y F V X J B F C Y L Y D
P Q X A T A M B O U R I N E X
A H Z O J C R N E K H G I Z Y
J T A R T C Z S D U G R Q N L
I H R G Q O G X X L U H T Z O
P Q U A P R H Y O E E V R R P
F O Y N K D W V C L V G O O H
U B A G P I P E S E Q I M G N
Z B A N J O D S S X B M B A E
Z V D Z H N W M N Y V S O X F
D W T P W U F N W Y R O N X F
H D J H U L J I H T T B E J T
I F I Z J J C L A V N O M D T
V J Y J M A R A C A S E P N R
Y B N Z S W N I K I D V V Y
```

Puzzle 46

```
P R O T T W E I L E R B O X E R Z
O P U K J V B S P N P E U B D O V
P A O E A G L D E O O P E L A I X
I V M A F B U L L D O G O A C E T
D Z H X B Q F C B W D O X G H L W
S N O T E R G Z O Y L V G R S E O
S L B E A K L G R K E Q B E H Q Z
C G D M G Y A C D A U N Z A U F D
R Q H S L T B A E G L H S T N R S
F B S S E O R H R M U J U D D U H
H V O B C K A B C S P R I A K D I
U S C U L B D K O N V N J N W D T
B E L F F O O N L C O G Z E L H Z
A B R M G D R M L L S J C G B U Y
V G E O A J W O I L J D D A Y U
N Y V P M P K U E Y C A M Q H C Y
V R P K Y R I C F N M P X J H K N
```

Puzzle 47

```
S R M D W E I M A R A N E R T J S Z
M S A F P E P H U M Y Z N A Y D K K
C X Z A K I T A C H R Z D U M O E F
G T O G N P S G W Y T P D C A B H G
Y P A I F U S W Y C J M L D X E D F
K R S O O N X T Y O Z A E I J R K H
Q C A H C Z D R T C D M U W A M X I
C P C A I Z Y M K K G X X P Y A K D
O U S V A E Q Z Z G E Z L T S D N Q
L T T A M A L T B R B Q M S D V K Y
L A U N R C C N T S W Z A H S W E O
I W K E B P N B Q P I L L U T W U B
E Z H S Z N B K F A D V T S M M J G
J L N E B J P B P N S Y E K Q P S N
Y O M O Y B E A E I N O S Y T M C I
T A J A M V A H Z E S J E P D E C P
C H I H U A H U A L P H H B T S M Z
H F X Y B I C H O N V O Z R J K A U
```

Puzzle 48

```
W O R M S U O H E L J E W T V
A B S C O R N I S H R E X L C
N I U K Z U S M A N X T V N N
C R P E R S I A N Z Q N Y E U
B M S N N T A L K O X U R W H
A A P E C T M A I N E C O O N
Z N H B P W E Y Z R K X S C Q
C Y Y I G Z S A C A F I W B Q
B E N G A L E N A G F A V C X
Y Q X G H E G E J D P O B X Y
S Y Y J E C Q H G O E Y E H R
F K M J N G O I E L X Q U P X
R T L U K B G X H L Y L X E F
H V M A W E K L B K X V S A P
Y B U I L N D P P S D D Z G N
```

Puzzle 49

H	R	U	B	M	O	A	R	V	R	X	U	O	M	S	P
D	C	O	C	K	A	T	I	E	L	T	B	M	E	Z	H
S	E	C	L	E	C	T	U	S	Z	S	U	Y	S	E	L
K	M	K	P	M	C	O	N	U	R	E	D	Y	X	C	O
D	O	C	O	A	F	R	I	C	A	N	G	R	E	Y	V
C	H	G	K	C	L	O	R	I	K	E	E	T	B	U	E
L	D	F	Y	A	I	Z	W	J	U	G	R	O	B	P	B
O	C	E	K	W	G	I	A	N	T	A	I	R	Z	I	I
N	N	O	U	M	G	P	W	Q	L	L	G	Y	S	O	R
B	T	A	V	I	Y	I	A	O	F	X	A	H	M	N	D
U	I	X	L	B	C	Q	J	O	E	K	R	G	P	U	L
E	Y	E	F	U	C	V	K	V	O	F	B	Z	D	S	G
Y	E	I	V	Z	M	W	K	C	F	E	I	E	I	N	I
B	M	B	P	U	C	X	T	W	S	U	S	E	C	U	D
R	A	M	K	I	M	I	N	G	B	U	U	Y	U	T	B
U	A	C	P	Q	O	P	W	B	A	W	E	J	K	H	B

Puzzle 50

P	L	D	R	O	N	E	G	I	C	Q	V	J	Q	M	C
F	U	U	D	R	F	S	R	B	M	A	F	V	I	T	A
L	R	Y	N	Y	B	M	A	Q	R	I	Y	T	N	S	M
A	T	P	K	S	M	A	R	T	P	H	O	N	E	E	E
P	D	D	Z	M	P	R	R	S	S	T	K	V	L	L	R
T	J	H	T	T	O	T	A	B	L	E	T	J	I	F	A
O	V	L	B	I	W	W	E	V	Z	P	H	F	O	I	N
P	C	K	K	H	E	A	D	P	H	O	N	E	S	E	F
G	N	G	O	N	R	T	G	U	N	P	B	I	E	S	R
W	O	O	X	H	B	C	X	B	X	Q	I	S	R	T	H
I	S	B	S	C	A	H	K	L	X	Y	O	C	E	I	V
F	Q	I	L	I	N	G	O	J	R	J	T	L	A	C	S
Y	Y	I	C	O	K	T	D	O	G	A	Q	N	D	K	M
T	S	G	X	K	H	U	U	Q	N	H	C	B	E	R	Q
C	Z	Q	W	W	P	V	P	P	L	E	R	A	R	H	G
W	K	P	U	K	H	G	W	R	G	F	G	C	T	J	Z

Thank you for choosing LP Livi Olson, Your opinion is very important to us, so we would be happy to receive your feedback about this book.

You can find us on Instagram to learn more about our book collection

Our Instagram: lpliviolsonbooks

Email: lpliviolson@gmail.com

BEST REGARDS, LP Livi Olson